好气质是这样养成的

徐先玲 编著

  中国商业出版社

图书在版编目（CIP）数据

好气质是这样养成的 / 徐先玲编著 .—北京：中国商业出版社，2017.11

ISBN 978-7-5208-0061-7

Ⅰ.①好… Ⅱ.①徐… Ⅲ.①气质—青少年读物 Ⅳ.① B848.1-49

中国版本图书馆 CIP 数据核字 (2017) 第 231692 号

责任编辑：常　松

中国商业出版社出版发行
010-63180647　www.c-cbook.com
（100053　北京广安门内报国寺 1 号）
新华书店经销
三河市同力彩印有限公司印刷
*
710×1000 毫米　16 开　12 印张　195 千字
2018 年 1 月第 1 版　2018 年 1 月第 1 次印刷
定价：35.00 元
* * *
（如有印装质量问题可更换）

目录

第一章　成功或失败都源于气质……1

1. 每个人的气质各不相同 …………………… 2
2. 气质的分类 ………………………………… 3
3. 如何确定气质类型 ………………………… 8
4. 气质是怎样形成的 ………………………… 11
5. 你是成功者还是失败者 …………………… 13
6. 成功者的气质 ……………………………… 14
7. 失败者的气质 ……………………………… 16
8. 气质优雅，魅力挡不住 …………………… 20
9. 气质决定个人的自我发展 ………………… 22
10. 气质是可以改变的 ………………………… 29

第二章　培养坚强的意志……35

1. 意志坚强的人更易成功 …………………… 36
2. 在挫折中奋进 ……………………………… 38
3. 逆境中依然存在希望 ……………………… 39
4. 挑战失败 …………………………………… 40
5. 不要放弃最后的希望 ……………………… 41
6. 学会当机立断 ……………………………… 44
7. 坚持铸就完美人生 ………………………… 45
8. 培养顽强的毅力 …………………………… 48

第三章　培养健康的兴趣爱好……51

1. 全面打造自己的综合素质 ………………… 52

2. 健康兴趣培养的原则 …………………………… 54
3. 如何加强健康的兴趣培养 ……………………… 57
4. 注意兴趣培养的广阔性 ………………………… 58
5. 注意兴趣培养的集中性 ………………………… 59
6. 注意兴趣培养的稳定性 ………………………… 60
7. 注意兴趣培养的效果 …………………………… 60
8. 兴趣选择的合理性 ……………………………… 61
9. 积极培养工作以外的其他兴趣 ………………… 62

第四章　培养深刻和稳定的感情……………………… 63

1. 感情冲动比魔鬼更可怕 ………………………… 64
2. 如何控制自己的情绪 …………………………… 65
3. 做自己情绪的主人 ……………………………… 67
4. 把喜怒哀乐放在"口袋里" ……………………… 69
5. 制怒的智慧 ……………………………………… 72
6. 克服消极情绪的方法 …………………………… 77
7. 让乐观成为一种习惯 …………………………… 79

第五章　完善自己的仪表风度……………………… 83

1. 仪表体现一个人的内在境界 …………………… 84
2. 微笑——最好的名片 …………………………… 89
3. 善于运用身态语 ………………………………… 90
4. 穿出风格 ………………………………………… 94
5. 注重仪容修饰 …………………………………… 99

6. 塑造健美的形体 …………………… 101
7. 举止有度且得当 …………………… 104
8. 培养稳重自然的个性 ……………… 107

第六章　培养幽默感 …………………… 111

1. 幽默和风趣是智慧的体现 ………… 112
2. 幽默比大笑更有深度 ……………… 116
3. 幽默的丰富层面 …………………… 119
4. 学会幽默和取悦他人 ……………… 122
5. 培养幽默感的方法 ………………… 125
6. 幽默要讲究时机和场合 …………… 138
7. 幽默要注意对象 …………………… 139

第七章　做一个谦谦君子 ……………… 141

1. 人际交往的原则 …………………… 142
2. 拥有一颗平常心 …………………… 143
3. 给人留下良好的第一印象 ………… 148
4. 宽容别人，善待自己 ……………… 149
5. 学会分享 …………………………… 153
6. 设身处地地为对方着想 …………… 157
7. 学会敞开心扉爱他人 ……………… 159
8. 乐于助人，助人为乐 ……………… 162
9. 学会赞美别人 ……………………… 165

第八章　保持旺盛的精力 …………………………… 167

1. 保持旺盛精力的启示 ………… 168
2. 培养健康的生活方式 ………… 170
3. 养成良好的饮食习惯 ………… 171
4. 科学地安排好一日三餐 ……… 175
5. 提高身体的免疫力 …………… 177
6. 学会让自己彻底放松一下 …… 182
7. 培养运动的习惯 ……………… 183

第一章
成功或失败都源于气质

好气质是这样养成的

1. 每个人的气质各不相同

在现实生活中，你也许有过这样的经验：费尽心机地为你身边的小伙子或大姑娘安排了一次约会，极力撮合他（她）们，可二人才见过一面，就听他（她）对你说："此事不成，她（他）一点儿气质都没有。"事到如此，明白人就知道此事没辙了。而不明白的人却难免嘀咕：这气质是啥东西？竟比美貌和富有还重要？

也许你还有过这样的经验：在观看球赛的时候，每当自己支持的球队获胜时，一般来说人们都是情绪激动，高兴异常。如果你再仔细观察观众席，就会发现每个人的表现都不一样：有的跳起来喊："好球！"乐得手舞足蹈！有的人则激动万分，又哭又笑；而有的人只是面带笑容，比较冷静地鼓着掌。真是姿态万千，难以一一描绘。总之，在这些人的表现中，若从情感和活动来看，有人的情感反应强烈、迅速，有明显的外部表现；有人反应速度虽然较缓慢，但也很强烈，只是外部表现不那么明显；而有的人则反应迟缓，情感微弱或是比较善于克制自己的情绪，始终没有什么狂热的表现。之所以出现上述差别，究其根源，是因为每个人的气质各不相同。

那么，什么是气质呢？

第一章
成功或失败都源于气质

　　气质（temperament）是人的心理和行为在动力方面典型的、稳定的和持久的特点。所谓心理和行为的动力特点是指心理活动和行为的速度、强度、易变性和稳定性。如知觉的广度和速度、思维的敏捷性、注意力的稳定性、情绪体验的强度等等。气质对个人心理和行为的影响不在于其具体内容，而在其活动方式。例如：有的人热情活泼、善于交际、表情丰富、富有同情心，而另一些人则待人冷漠、不苟言笑、行动迟缓、善于自我体验；有的人情绪火暴，有的人比较沉着冷静；有的人情感易于表现于外，有的人不大透露自己的情感；有的人活泼敏捷，有的人木讷呆板。人们之间在这些方面的差别，便构成了各人气质上的不同特点。

2. 气质的分类

　　气质是一个古老的概念，早在公元前5世纪它就由希腊医生希波克拉底提出来了。希波克拉底认为人体内有血液、黏液、黄胆汁、黑胆汁四种体液，而这四种体液在人们体内的比例各不相同。他根据四种体液在人体内哪一种占优势而把人的气质类型分为多血质（sanguine）、胆汁质（choleric）、黏液质（phlegmatic）和抑郁质（mean cholic）四种。血液在体内占优势者称为多血质；黄胆汁占优势者称为胆汁质；黏液占优势者称黏液质；黑胆汁占优势则称抑郁质。希波克拉底的这种气质划分法虽然缺乏科学的根据，但却是世界上较早的气质划分方法。而且他所描绘的四种气质类型的特征在日常生活中颇具典型性，因此"气质"一词沿用至今。

　　关于气质类型的分类，除上述分类方法以外，主要还有血型、体型、反应特性、性质模式及神经类型等五种基本学说。下面将对这五种基本学说逐一进行一些基本的介绍。

好气质 是这样养成的

一、气质血型说

气质血型说是由日本心理学家古川竹二等人根据人的血型差异提出的气质类型理论。他们认为，人的气质特征是由血型决定的，血型分为A、B、AB型和O型，其中每一种血型在气质方面都有相应的不同表现。A型气质的特点是性情温和、老实、稳妥、多疑、害羞、顺从、孤独、依赖他人、情绪波动大、消极保守；B型气质的特点是感觉灵敏、胆大、不怕羞、镇静、爱活动、善于交际、多言、好管闲事、积极进取；AB型气质的特点具有一种混合特征，表面上表现为B型的特征，内心里却具有A型的特征；O型气质的特点是意志坚强、志向明确、好胜霸道、独立性强、不听指挥、具有支配欲、喜欢指使别人、有胆识、积极进取、不愿吃亏。根据这种气质理论，目前国际上挑选运动员时往往将其血型作为参考，因为人们认为各种血型的人在运动中的表现各不相同。O型者敢于拼搏，但情绪随胜负起伏不定；A型者能吃苦耐劳、耐力强、情绪强烈，宜于长距离马拉松赛跑；B型者好胜心强、胆子大，敢于尝试高难度动作，宜于体操、技巧等运动；AB型者沉着冷静，宜于射击等运动。

由于人的血型在一生中都不可能改变，基于这点，按气质血型说的分类方法，则人的气质是终生不变的。而事实上，人的气质常常因为其所处的环境和自身修养的改变而改变。因此，气质血型说对气质的分类方法并非是绝对科学的。也正是基于这点，国际上挑选运动员时也仅以此作为参考。

二、体型说

体型说是由美国心理学家薛尔顿（Sheldon, W.H）和德国精神病学家克列奇米尔（Kretchmer, E）提出来的一种气质类型学。他们认为气质是一种机能，如果不是四种基本体液的话，至少是一种经遗传而得的体型。因此他们认为人的气质是由体型决定的。人的体型有矮胖型、瘦长型、运动型、畸形型四种，其气质也各不相同。矮胖型又称循环型，其特征是脂肪丰满、身躯矮胖、善于与人相处，平易近人、性情开朗，但情绪变化不定，时狂时郁，且循环发生，称之为躁郁型气质。瘦长型又称分裂型，其特征是身躯细长、皮肤干燥、肌肉骨骼均不发达、严肃、内倾甚至孤僻、沉默寡言、胆小退缩、多思虑、好幻想，称之为乖戾性气质。运动型体格健壮，易于适应环境，又称善变型气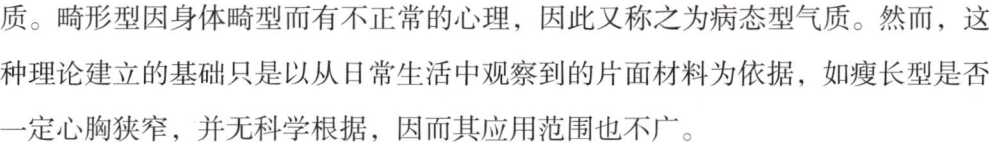质。畸形型因身体畸型而有不正常的心理，因此又称之为病态型气质。然而，这种理论建立的基础只是以从日常生活中观察到的片面材料为依据，如瘦长型是否一定心胸狭窄，并无科学根据，因而其应用范围也不广。

三、反应特性说

反应活动特性说是 APA 知名学者、美国心理学家 A.巴斯（ABaas，A.）根据人们在社会生活中对各种事物的不同反应特性而提出来的一种气质类型说。他以活动性、情绪性、社交性和冲动性为指标来划分气质类型。A.巴斯认为：活动性的人总是抢先接受新任务，并热衷于参加各种活动，永远不知疲倦似的；情绪性的人情绪波动比较大，觉醒的程度和反应的强度变化不定，对待事物的态度完全根据自己的喜好，因而常常喜怒无常；社交性的人害怕孤独，渴望与他人建立密切的关系，并为之而努力，哪怕改变自己去适应他人，因此这一类型的人与人相处很融洽；冲动性的人缺乏理智，自我控制能力差，常常倾向于不计后果的行动。

四、特质模式说

特质模式说认为气质涉及使个体特征化的特质模式，气质应由行为的风格而组成，由表现的行为而不是工具的行为而组成，由"如何"行为而不是"为什么"行为而组成。从现象学的角度来看，气质处于整体的人格和分离的特质之间。心理学家亚历山大（Alexander）、托马斯（Thomas）和斯特拉切斯（Struthers）曾于1977年报告过一个有关儿童个体差异的纵向研究，该研究描述了气质的行为反应和生理反应的9种类别，诸如活动水平、节律、反应强度、坚持性等等。他们在这些类别中间发现了一致的和稳定的个体模式，它们构成个体的行为风格或气质。这种行为风格虽说是个体的相对稳定的方向，但它们又是在与社会环境的相互作用中不断发展的。最初，婴儿受遗传和出生前后环境因素的影响，随后受社会环境影响。而且，儿童对环境反应并非消极，在某种程度上，"他们为自己提供了气质"。因此，用发展的眼光研究气质已经超出严格的遗传性和不变性，而扩展至把注意力集中在现象学的风格界说上。有关研究支持了这种观点，即认为个体差异贯穿人的一生，影响人的活动方式，并且基本上是人格中非动机的和非工具的方面。例如，H.威特金及其同事于1962年测量了横贯一系列心理系统的个体气质差异：知觉、认知、情绪和社会。D.夏皮罗（schapiro, D.）探讨了各种神经症风格，发现每一风格由一定的知觉方式、活动方式和自我体验组成。这些风格被看作是无冲突的自我能量的直接发展，不受人格中本我和动机因素的制约。

五、神经类型说

神经类型说是巴甫洛夫及其学派根据人的高级神经活动特性而提出的气质类型学说。巴甫洛夫继承了希波克拉底对气质的分类方法，对分类的标准赋予了科学性。他用高级神经类型学说对气质作了较科学的解释，他认为气质是高级神经活动类型的外部表现。

巴甫洛夫通过实验研究，发现神经系统具有强度、平衡性和灵活性等三种基本特性。这三种基本特性的不同组合，在机体身上可以看到四种神经类型：①强的，不平衡的，兴奋占优势，抑制较弱的类型；②强的，平衡而灵活的类型；③强的，平衡而不灵活的（惰性的）类型；④弱型，兴奋和抑制的力量都很弱，接受不了强刺激。巴甫洛夫认为神经系统的上述四种主要类型恰恰与四种古希腊的

第一章
成功或失败都源于气质

气质分类，即与胆汁质、多血质、黏液质及抑郁质相当。神经类型是气质的生理机制，气质是高级神经活动类型的外部表现。

现在让我们来看看四种神经类型与气质的关系及各种类型的特征。

强而不平衡兴奋占优势的类型：这种类型属于不可遏止型，相当于胆汁质。其特征为感受性很弱，反应性和主动性很强，兴奋性高，刻板，外倾，反应速度快，不灵活。其行为方式的特征是情感发生快而强烈，并有强烈的外部表现，在言语、表情和动作上表露很明显，有魄力，工作能力强，能够以极大的热情沉湎于某件事情，精神勃勃，行动敏捷，具有强烈的和易于燃烧的感情。他们常常是性急的，易于产生一种激烈的情绪。优点：直率、热情、主动、爽快、精力旺盛、理智感强、意志力坚强、兴趣比较稳定。缺点：性情暴躁、好发脾气、缺乏耐心、喜怒于色、任性、抑制性差。

强而平衡灵活的类型：属于活泼型，相当于多血质。其特征表现为：感受性很弱，反应性、兴奋性、平衡性很强，可塑性大，外倾，爱交际，灵活性高，反应速度快。其行为方式的特点是情感发生快并表现于外，但不十分强烈，而且容易发生变化，动作敏捷而灵活，注意力容易转移，兴趣容易变换。这种人热情活泼，爱说爱笑，但往往缺乏深刻的情感体验。优点：活泼、好动、敏捷、富于同情心。缺点：轻率、情感不深、不稳定、缺乏毅力和耐力。

强而平衡惰性的类型：属于安静型，相当于黏液质。其特征是：感受性弱，反应性差，但主动性强，不灵活，内倾，情绪兴奋性弱，反应速度缓慢。其行为方式的特点是安静，动作迟缓，情绪不强烈，情感发生缓慢而微弱，没有强烈的外部表现。这种人心平气和、沉着冷静，很少情绪激动，他们是沉静而稳重的人。优点：稳重、沉着冷静、比较坚韧。缺点：迟钝、缺乏生气、易于萎靡不振。

弱的类型：相当于抑郁质。其特征是感受性很强，但反应性和主动性弱，刻板、内倾、兴奋性强，情绪抑郁，反应速度缓慢，不灵活。其行为方式的特点是情感发生慢而脆弱，但体验较深，很少向外流露，动作滞缓。优点：感情比较深刻和稳定。缺点：不活泼、孤僻、比较脆弱、难于忍受强烈的刺激。

由于神经类型说阐述科学而具体，因此，目前对气质的分类主要倾向于使用巴甫洛夫的神经类型说，本书也沿用此法进行分类。

3. 如何确定气质类型

前面我们向大家介绍了气质的基本概念和几种主要的气质类型说，相信大家现在都急于想知道自己所属的气质类型。

然而究竟如何确定气质类型呢？科学研究中通常采用两种方法：即观察法和条件反射测定法。

一、观察法

观察法是一种有目的有计划地了解人的心理的具有普遍意义的方法。它也适用于确定气质类型。确定气质类型所采用的观察法，也就是在日常生活中对一个人的行为特征、智力活动特征、言语特征以及情绪特征等进行长期的观察和记录，然后通过对它们进行分析、判断、归纳、组合，再结合根据各种气质类型的特征确定的指标，最终确定一个人属于何种气质类型。

在观察中究竟需要记录哪些气质类型的心理活动特征，就目前的心理学发展概况来看，还没有一个可供遵循的较完整的方案。但就一般的研究结果来看，大致可以列举如下一些特征。

（1）感受性

即人对外界刺激物的感受能力。不同的人对刺激强度的感受能力是不相同的，一个人在经受外界刺激作用时在时间上的耐受程度也是感受能力大小的指标。有的人工作能够持久，有的人则不易持久。

（2）知觉的广度和精确程度

有人善于区分不同性质的对象，能准确地观察分析事物；有的人则易忽略细节，粗中无细，难于精确地分析问题。

（3）反应的敏捷性和可塑性

这里面包含四个方面的内容：①注意转移的难易和快慢，这和一个人的神经过程灵活性有一定关系；②心理过程进行的速度和灵活程度，如记忆的速度和渗透性程度，思维的敏捷和灵活程度；③说话的速度和频率；④动作的灵活迅速程度，有的人在外界事物变化的情况下，能很快地改变自己的行动去适应它，有的人对新的环境则不易适应。

（4）外倾性和内倾性

有些人的心理活动、情绪、言语等一经产生，便迅速地表现于外；有些人则相反，他们尽量避免出头露面的工作，情绪很少外露。前者是具有外倾特点的人，后者则是具有内倾特点的人。

在日常生活中观察记录气质特征，比较容易进行。但人的气质往往受生活条件掩蔽，单纯地利用观察法去确定气质类型有不够真实或不确切的情况，因此有必要借助一定仪器测定神经过程的特性。

二、条件反射法

在实验室里，可以在用一定的仪器对被试者形成或改造条件反射的过程中，

好气质 是这样养成的

观察他们的神经过程特性，借以了解其气质特征。许多心理学家以不同形式的条件反射测定神经过程特性，现举例说明。

可以用条件光化学反射的办法测定神经过程的强度。给被试者一定强度的光刺激，使之产生血流加快的反应。然后，继续不断地增强光的强度，如果在超强度的光刺激下，被试者仍然保持已形成的光化学反应，就说明他能忍受较强的刺激，是强型，否则就是弱型。

为了测定神经过程的平衡性特征，可以通过对被试者形成阳性和阴性条件反射所需光的强弱比较来确定。如果被试者形成两种条件反射所需光刺激的强度相等，就说明他的神经兴奋过程和抑制过程是平衡的，即平衡型；如果阴性条件反射形成比阳性条件反射形成所需的光弱，就可以断定其抑制过程占优势，反之就是兴奋过程占优势。

另外，有的心理学家还根据反应时间与刺激物强度的依存性规律，在被试者身上研究神经过程的灵活性。

但是，由于条件反射法需要一定的仪器，同时，主试者亦须经过特殊的训练，因此，对一般人而言，实施起来具有一定的难度。观察法虽然不如条件反射实验法测得那样准确，但如果观察目的明确，收集材料的方法得当，能深入细致地分析材料，那么所得的结果也是可靠的。由于观察法不需要什么特殊仪器设备，只要研究者自觉地掌握观察的要领，对搜集的材料做认真细致的分析，因此，实施起来要相对容易一些。

第一章
成功或失败都源于气质

4. 气质是怎样形成的

当你了解了自己所属的气质类型后，也许你会为自己拥有多血质的气质而感到高兴，甚至于会在抑郁质的人面前趾高气扬；也许你会为自己是抑郁质的气质而感到悲伤，以致于要给自己的心灵烙上一个自卑的深深的印迹。然后你会思索为什么自己会是这样一种气质而别人又会是另一种气质？气质又是怎样形成的？

首先，气质本身就其总体来说是无所谓好坏的。因此，不能认为某种气质是积极的、某种气质是消极的，任何一种气质类型都有其积极的一面和消极的一面。例如，多血质的人情绪丰富、灵活敏捷，容易适应新环境；但注意力不稳定，兴趣容易转移。抑郁质的人工作中耐受能力差，容易感到疲劳，容易产生张皇失措的情绪；但情感比较细腻，做事审慎小心，观察力敏锐，善于觉察别人不易觉察的细小事物。事实上，在每一种气质的基础上都有可能发展起某些优良的品质和不良的品质。例如，胆汁质的人可能成为热情、积极主动、精力旺盛的人，也可能成为性情急躁、鲁莽粗暴的人。气质的类型不同，并不能决定人们品德的好坏、能力的高低和成就的大小。各种气质类型的人，在同样性质的活动中，都可以获得好的成绩。例如，俄国四位著名的文学家就是属于四种不同气质类型的人：普希金具有明显的胆汁质特征，赫尔岑具有多血质的特征，克雷洛夫是黏液质，而果戈里则是抑郁质。他们虽然气质类型不同，但并没有影响他们在文学上同样的杰出成就，他们都创作出了具有重大社会价值的宏篇巨著。

好气质是这样养成的

其次，气质是多种因素综合作用的结果。

第一，气质与人的遗传基因有着较密切的关系。按照巴甫洛夫的观点，气质既然是高级神经活动类型特点在人的行动方式上的表现，那么它就有极大的遗传性。一般说来，后天的生活条件是很难改变它的。我们从同卵双生儿身上可以看出，他们的气质特点的相似性要大于异卵双生儿。如果把生活在不同条件下的双生儿的气质特点加以比较，就会发现，虽然他们的生活环境和教育条件都不一样，但从气质特点来看，却有很多相似之处。婴儿出生不久，在他们的活动中就表现出各自的气质。医院的婴儿室内，快到喂奶的时间，往往大哭小叫，热闹异常。仔细观察一下，这些因为饥饿而哭叫的婴儿表现是各不相同的。有的哭声洪亮，还拳打脚踢；有的声音急促，哭得满面通红；有的干号大叫；有的虽然泪流满面，但比较平静、安详等等。真是百花园中千姿百态的花朵各放异彩。所有这一切各不相同的表现，都是他们各人不同的气质类型的外部特征。

盖赛尔（Gesell.A.L）认为从观察婴儿在运动中的敏捷性、反应性以及是否产生微笑等，即可表明婴儿具有不同的气质特点。他把观察结果分为A、B、C三种类型。A型的表现是不着急的，大体上是平静的，慎重地对待周围发生的事情。B型的表现是急急忙忙的，注意力不集中，动作伶俐，反应快。C型的表现是动作不规则，注意力和情绪不稳定，但才气焕发。

第二，后天自身素质的修养是铸造一个人气质的重要因素。虽然一个人的遗传基因对其气质有着重要的影响，但我们不难想象：一个人不管其遗传方面的因素有多么地好，从他一出生就将他放置到贫穷、野蛮的地方去喂养，不使其接受任何形式的教育，并给他的生活处处设置障碍，让他感到整个世界似乎与他绝缘，我想无论其天生是多血质也好、黏液质也罢，最终都只能变为抑郁质。

第三，性格与气质也有着密切的关系。一般来说，有什么样的性格，就能表现出什么样的气质来。我们很难想象一个性格急躁、态度粗鲁的孔武之人能显示出温文尔雅的气质特点来。

总之，由于一个人的遗传素质和其所处的生活环境以及其性格类型和后天自我素质的培训和修养不同，每个人所形成和表现出来的气质也不会相同，因而就在各个个体之间出现了个体差异。

5. 你是成功者还是失败者

我们评价一个人的一生一世，通常用成功或失败来形容。当然，当我们说一个人的一生是成功的时候，这并不意味着他一生中无论做什么都取得了成功，而在于评价他在做事时的人生态度。换一句话，即从更深层次的意义上来说，他具有一个成功者必不可少的高雅气质。

人类所最可宝贵的是拥有崭新的生命，而且与生俱来即备有赢取胜利的条件。每个人以自己独有的方式观看、倾听、接触、尝试和思考，人人各有其独特的潜力——才能与先天限制。他们皆可因自己的天赋条件成为一个杰出的、有思考力的、有觉察力和有创造力的人——一个胜利者。

"胜利者"和"失败者"两个名词具有多种词义。一个人是胜利者，并不意指他赢过别人或击败了别人。胜利者不论是从个人，或从社会角度任何观点看，都是一个确定可靠、值得信任、敏锐而且实在的人。失败者则为一个无法确定对情境做出反应的人。心理学家布伯（M.uer）一再提到的那个犹太牧师的古老故事，说明了一个观点：凡失败者，皆不知自己为何；与之相对应，凡成功者，皆能非常清晰地认识他自己。那个犹太牧师在垂死的病榻上最终发现自己是个失败者的时候，他哀伤在世的时候，只会问为什么他不是摩西，却不会问他为什么不是他自己。

极少有人是绝对的胜利者或失败者。这就是理解性的问题。但是一旦一个人正在往胜利的途径迈步时，他获得成功的机会可能会变得更大。

6. 成功者的气质

一个成功的人有许多不同的潜力。在他的眼里，成就并不是必不可少的，而"真实"这个特征才是至关重要的。一个真实的人面对自己的内在真实面，他了解自己，他就是他自己，同时他又想法使自己成为一个靠得住、敏锐的人。他完成自己的独特性，也欣赏别人的独特性。

成功的人从来不将生命抛掷于想象自己应该如何。他坚信，无论怎样，他始终是他自己。成功的人也明白，他没有必要因为要去做某事，而伪装出某种姿态或者无端地把别人也牵扯到自己的行为里。一个胜利者能够坦诚地面对自己，而不会做作地讨好别人或者引诱别人、惹恼别人。

成功的人明白现实生活中的各种差别，诸如"爱"和"装着去爱"、"愚蠢"和"故作愚蠢"、"有学问"和"故作高深"。他用不着把自己隐藏在面具后面，于是他丢掉不真实的自我影像——无能或者优越。

每个人都有"自主"的时刻，也许转瞬即逝。但是一个成功者能在相当长的时间内继续这种自主性。他偶尔也会让步，甚至失败。但即使他往后退却，仍能坚守着对自己最基本的信心。"自立"从来不会使一个成功者感到威胁。

成功者并不畏惧独立思考和应用知识。他能把事实与见解划分清晰，他不伪装自己是全能。他听取别人的意见，评价他们的意见，但是他自己下结论。虽然他也敬仰别人、尊敬别人，但是他的看法绝不会被别人毫无理由地完全限定、推翻、束缚或者威吓。

成功者不会耍"无助"的把戏，也不会"怪罪别人"。他自己负起生命的责任。他不必让别人虚妄地驾驭，他知道他可以做自己的主人。

成功者的步调准确，能适当地配合情况作出相应的反应，从而保全了别人的意义、价值、福利与尊严。他知道万物皆各有联系，万事也各具时令——

有时需要积极进取，有时需要稍敛锋芒。

有时需要与众交融，有时需要默默寡居。

有时需要相斗，有时需要互爱。

有时需要工作，有时需要游戏。

有时需要哭泣，有时需要大笑。

有时需要抗衡，有时需要退缩。

有时需要发言，有时需要沉默。

有时需要善握良机，有时需要屏息等候。

时间对于成功者是珍贵的，他不会浪费时间。他随时和时间共存。但这并不表示他愚蠢地忽视过去或者无法正视未来，而是他了解自己的过去，并且对未来充满希望。

一个成功的人会试着了解自己的感觉和能力，他不畏惧这些事实，他不会被自己的矛盾或冲突击败。他知道自己什么时候是在生气，他也能在别人生他气的时候听对方说话。他能付出情感，也能接受别人的感情。他能爱人，也能被人爱。

成功者能自然地做一切事情，但却不会按照公式处理事情。当情况需要时，他能改变自己的计划。成功者对生命有渴望，他享受着工作、游戏、食物、人情、性和自然界的一切，他坦然地欣赏自己的成就以及别人的成就。

虽然成功者能自在地享受一切，但他也能搁置这种享受。他能暂时严厉地约束自己，期望未来得到更多的快乐。他不畏惧追求自己的理想，也能很恰当地朝向目标努力。他不必控制别人来求取安全感，也不会把自己置于迷茫的道路之中。

成功者关怀这个世界与人类。面对社会的所有问题，他关切、怜悯并致力改善生活的现状，即使面临国家乃至这个星球的灾难，他也不会认为自己是个完全无能的人。他尽力在使世界变得更完美。

知识链接

一个成功的人会试着了解自己的感觉和能力，他不畏惧这些事实，他不会被自己的矛盾或冲突击败。

7. 失败者的气质

虽然人类天生具有赢取胜利的秉性，但却还是处在一个无助与完全依赖的环境之中。成功者能成功地由全然的无助转成独立，而后再与他人达到互助。失败者则不然，他接受无助与依赖，尽可能地逃避责任。

我们已经知道，几乎没有人是绝对的成功者或失败者，多数人在某些时候是成功者，某些时候则是失败者。童年的经历影响他们未来的成败。

一个人不适当地处理依赖的需求、营养不良、残酷的经历、不愉快的人际关系、疾病、经久的失望、不当的照顾以及心理创伤等，都是造成失败的因素。这些经历都妨碍了自主与自我完成的正常发展。为了应付这些经历，人们学会了操纵自己和他人，这种操纵的技巧日后难以摆脱，就形成一种形态。成功者摆脱它们，但失败者紧紧地依附他们。

有些失败者虽自认为成功，却又觉得不安、不快乐，感到受骗。也有些失败者认为自己彻底地被击败，没有生存的目的，无法动弹，是个半死的人。失败者可能不明白他已经替自己做好了笼子，自掘坟墓，他就是自己最厌烦的家伙。

失败者很少真实地活着。他的心思完全盘据着对过去的回忆或者对未来的憧憬，他毁弃目前的一切。

失败者活在逝去的回忆里，他沉缅于过去的美好或者不幸之中。他抱着旧有的习惯或者哀悼过去的恶运。他为自己的不幸感到遗憾，而把不幸归托他人。一个生活在回忆中的失败者经常哀叹着"如果"：

如果我没和那人结婚……

如果我干的不是这行……

如果我已经毕业了……

如果我长得俊俏些……

如果我丈夫戒酒了……

如果我有个好爸爸……

当一个人生活在未来里，他可能梦想着奇迹发生，使他能"幸福地生活着"。

好气质 是这样养成的

他不去追求生命，他在等待神奇的出现。生活该变得多么美妙啊！他想象着"假如"：

假如学校放假时……

假如梦中的王子或公主来临时……

假如孩子长大时……

假如新工作开始时……

假如竞争者死掉时……

假如我们发财时……

相对于这种幻想神奇救赎的另一种失败，则为长期生活在畏惧灾难来临的虚空中。他想象着"若是"：

若是我失业了，不知……

若是我发疯了，不知……

若是某事临到我头上，不知……

若是我跌断了腿，不知……

若是他们不喜欢我，不知……

若是我犯了错，不知……

一个人把注意力不断地集中于未来生活的焦虑中。他担忧着预想发生的不幸——不管是真的或是想象的——考试、付款、风流韵事、危机、疾病、退休或气候等，他过分沉浸在这些想象中，忽略了身边确实可能发生的事情。他只是一味地把心思放在与当前无关的幻想中，他的焦虑遮掩眼前的真实。他无法以自己的方式观看、倾听、感觉、尝试、接触或思考。

失败者的知觉不完整，也不正确。他无法把自己的潜能在生活中发挥。像是透过三棱镜，他扭曲了自己和他人，而没有应对真实世界的能力。

失败者耗费极多的时间刻意假作。他假装、操纵和固守孩童的地位。他花费精力在维持一个面具，经常带着虚假的姿势。荷尼说："滋长假我通常牺牲真我，真我被鄙视，充其量只被视为穷亲戚。"虚假做作的失败者，着重自己的外在表现强于内在真实。

失败者压制自然地、准确地表达潜在的能力。如果他选择的那条道路走投无路时，他不知道人生还有其他的路径。他畏惧尝试新的东西。他固守自己旧有的地位，他不是创新者。他重蹈复辙，他总是一再重复家庭和社会的不幸。《谁动了我的奶酪》就是讲的这个道理。

失败者难以付出感情，也难以接受感情，他无法和别人保持亲密的、诚实的以及直接的关系。反之，他尝试着改变别人来符合自己的期望，他也调整自己去迎合别人对他的期望。

当一个人是个失败者时，他无法正确运用自己的智慧。他合理化地、智慧化地误用它。合理化即他利用借口使自己的行为显得公平、合理。智慧化即他利用一定的媒介使自己的行为显得有智慧。因此，他的潜能大都居于蛰伏的、未被了解及辨识的阶段，就像童话中的青蛙王子一样，由于女巫诅咒，而过着一种不是自己意愿的生活。

失败与成功，在我们的嘴里说起来，一样平淡得几乎没什么差别；可对于失败或成功的当事人来说，其感觉的差别该有多大，相信大家都有过切身的体验。也许你失败后就埋怨天道不公，这就已经意味着你本来就注定要失败了。在失败的阴影里痛苦挣扎的人们，回头看看吧，看看你为什么会失败而别人却会成功，然后找找原因，学学成功者吧。

8. 气质优雅，魅力挡不住

从科学上理解，人的气质没有好坏之分。但从生活上看，展示自身气质中最闪光的一面，无疑是有魅力的人的聪明选择。气质难以捉摸，仿佛是个不解之谜。但在今天，气质已成为现代生活中一个不可或缺的人生要素。

从心理学上来说，人的气质表现在情绪产生的快慢、情绪体验的强弱、情绪状态的稳定性及气质变化的幅度上，也表现在人的行为动作和言语的速度和灵活性上。

如果从美学的角度来定义气质的话，那么，我们所谓的气质，指的是一个人的风格、风度以及风貌。

这个世界上只有一个你，这种独一无二的标志是你的气质决定的。

人的气质是在社会交往中显现出来的。在现实生活中，我们会接触各种气质的人。有的人勇敢而坚定，给人以力量；有的人机智而沉着，给人以信心；有的人热情而富于同情心，使人感到温暖；有的人博学而谦虚，给人以智慧的启迪；有的人文雅而高洁，会使人忘掉庸俗习气；有的人正直爽朗、心明如镜，使人感到心情开阔。这些美好气质都会给人一种特有的魅力。

气质与生俱来，如同风云变幻莫测。但每个人都有其固定的、与众不同的气质：或稳重沉着，和蔼可亲；或说话尖刻，叫人无法接近；或开朗活泼，富于感染力，跟谁都容易亲近；或落落寡合，使人感到郁闷，跟谁都难以相处，等等。气质可以从一个人的动作、表情、语调和待人接物的态度推测出来。但到底什么是气质呢？气质的含义，古今中外都作过探讨。在我国古代，气质一

第一章
成功或失败都源于气质

词最早见于《周易》《尚书》《内经》《春秋繁露》等著作。在西方，气质一词，则最早起源于古希腊，古希腊医生希波克拉第作过长期考察。可是，直到近代，随着科学心理学的发展，才形成了真正的科学概念。前苏联生理学家巴甫洛夫对此进行了大量的研究。波兰心理学家斯特里劳在巴甫洛夫研究的基础上又进一步作了研究。

以上都是从科学的角度出发来看气质。可是，从这个角度看的话，我们生活中听到的"这人气质真好"、"这人气质不好"之类的话，就全是废话了。因为科学是没有好与坏的。

显然，可以从另外一个角度，来考察气质这个复杂的"精灵"。

这就是从"好看"与"不好看"的角度，也就是从美学的角度来考察。

从美学的角度来定义气质的话，那么，我们所谓的气质，指的是一个人的风格、风度以及风貌。

比如说，一个人穿上名牌西服，你会觉得他真有气质，简直迷死人了；假如他穿上牛仔衣，你会很失望，觉得他的形象在你的眼中简直是糟透了。

如何改进人的气质呢？改进人的气质，将好的一面发扬起来，把不好的一面去掉，这是欲保持良好气质的人的共同愿望。那么达到这种愿望的一个根本方法，就是开展自我教育和培养，使自己的内在气质和外在气质和谐统一。

这种自我培育，其目的应该比他人的培育更为远大、更为长久。那就是，自我培育的目的，应该是改善自己的气质。这种培育，比其他任何目的的培育更触及根本，因为只有养成美好无暇的气质，才是一切成长、成才的基础。只要有了这样的气质，再

去接受其他的培育，也会非常容易。所以，自我培育的目标，是改善自己的气质，去掉不好的一面，发扬好的一面。

就方法来说，进行自我培育，也像别人对自己施以培育一样，要对症下药，要从自己的已经相当稳定的气质特点出发，来进行自我训练和培养。

知识链接

我们所谓的气质，指的是一个人的风格、风度以及风貌。

9. 气质决定个人的自我发展

气质是一个人的心理和行为在动力方面典型的、稳定的和持久的心理特征，对每个人的认识活动、情感活动以及意志活动都会打上烙印。虽如此，但它仍只是给人们的个性和行为涂上某种色彩而已，并不能决定一个人的行为方向。

一个人做什么、怎样做，是由其动机（motivation）、愿望（de-sire）和信念（faith）决定的。因此，从这个意义上来说，气质并不能决定人的社会价值。任何一种气质类型都有其积极的一面，也有其消极的一面，在现实生活中，不管是学习和生活，不能单凭气质类型去评判人的行为的社会价值。事实证明：任何一种气质类型的人，既可以成为品德高尚、对社会有益的人，也可以成为道德败坏、对社会有害的人。

气质的特点只能影响智力活动的方式，并不能预见人的成就和智力发展的高低。在同一领域内有成就的人中可以找出不同气质类型的代表；在不同领域智力杰出人物中，也可以找出不同气质类型的代表。同一气质类型的人，可以有不同的兴趣、爱好、能力、理想、信仰和道德价值观；具有同一理想、信念、道德价值观的人，也可能具有不同的气质。因此，任何一种气质类型的人，都有可能成为某一领域的专家。当然，也可能终生碌碌无为，一事无成。

一、气质在职业选择时的运用

社会行业，俗称三百六十行，每一个行业对人们的气质所提出的要求，也是不同的。这就为人们依据自己的气质特点选择职业，以及人事部门根据各人的气质特点选拔、调配提供了方便。一般认为，黏液质、抑郁质的人容易适应持久、细致的工作，而胆汁质、多血质的人则难以适应；多血质、胆汁质的人容易适应迅速灵活的工作，而黏液质、抑郁质的人则难以适应。例如，要求作出迅速反应或善于交往的工作，对于多血质的人就较为适应。而要求有条不紊、埋头苦干、沉着冷静地工作，黏液质的人则较好。从体育运动的角度来说，胆汁质、多血质和黏液质的人都适宜，但不同气质类型的人适宜的体育项目则不同。胆汁质的人容易兴奋，比较适宜短、中距离跑，跳高，跳远，拳击等动作急剧、要求爆发力强的项目；多血质的人适应性强、可塑性大，对艺术的感受较深、较快，所以除了上述的项目外，还可以从事体操、跳水、花样滑冰、击剑、武术等运动项目；黏液质的人，比较适宜于从事棋类、登山、长距离跑等耐受性要求高的项目。

当一个人从事不适合于自己气质特点的工作时，起初气质可能阻碍工作的进行，但在长期工作中，人将改变自己原先的气质特性以适应工作的要求。而且，人还可以利用某些气质特性，去补偿工作所需求而他身上又比较薄弱的另一些特性。例如，黏液质的人可以利用注意力稳定、很少分心这种优点去补偿动作迟缓、不够灵活的缺点；反之，多血质的人则可利用灵活、敏捷去补偿注意力容易分散的缺点。因而在普通的职业和学习中，气质的特性虽然影响活动的效率，但由于气质特性的改变与补偿作用，所以并不决定活动的效率。也就是说，气质在人的实践活动中不起决定作用。

但是，在某些特殊职业（诸如飞机驾驶员、宇航员、大型动力系统调度员、从事大运动量项目的运动员等）中，由于他们的工作节奏极其紧张，要求他们在工作中必须有胆有识、有耐力、有高度的灵敏性，拥有敢于冒险和临危不惧并能在危难中镇定自若的精神。因此，气质特性对于一个人是否适合从事该类工作就具有特殊的重要意义。再加上人的气质不可能在短期内就能得到较大的改变，而且某些气质特性也是难以用其他特性来补偿的，为了使气质特点符合活动的要求，在招收和培养这类职业的工作人员时，便不可或缺地把气质测定作为选拔胜任此项工作之人才的重要指标，通过对人的气质特性的测定，进行职业选择和淘汰。

二、气质在教育中的运用

气质问题与教育工作有着密切的关系，因此，教师应该了解学生的气质特征。教育工作者，了解气质的特点，有助于端正教育观点，在教学工作中按照学生的气质特点，有针对性地帮助各种气质类型的学生发挥其积极的方面，塑造积极的、优良的个性品质，同时防止个性品质向消极方向发展。

此外，教师还应该注意气质与性格的密切关系。气质使人的性格表现形式具有个人色彩，同一性格在具有不同气质特征的人身上有不同的表现。各种不同气

质的人，都可以形成所需要的良好的性格特征，如勤劳、诚实、不怕困难、高度责任感、勇敢等等。但是它的表现形式却会不一样，如勤劳，有的人动作快，有的人动作慢；诚实，有的人爱说，有的人不爱说；不怕困难，有的

第一章
成功或失败都源于气质

人深思熟虑、稳扎稳打地干，有的人冲劲大、勇敢，失败了再来；自负，有的人有外在表现，有的人不外露，等等。这说明气质能影响性格的表现方式，给性格特征涂上独特的色彩。

气质不仅影响性格的表现方式，而且影响性格特征的形成和发展的速度。例如，自制，有的人表现自制是经过了很大的克服和努力，有的人表现自制则比较自然、比较容易。事实证明通过教育可以在具有不同气质的学生身上形成同样的性格特征，但需要花费不同的精力和时间以及采取不同的教育方式。例如，自制力这一性格特征的形成，在黏液质的学生身上就容易和迅速些；而在胆汁质的学生身上形成这种性格，则往往需要较多的精力和较长的时间以及比较特殊的教育方法。

由于气质和性格存在这种关系，为了把教育工作做得更有成效，所以要求教师在教学中必须照顾学生的气质类型特点，采取切合实际的教育措施，并适当地注意个别施教。要给予更多的活动机会和任务，使学生从中受到更好的教育。

对多血质类型的学生严格其组织纪律的同时，要热情对待他们的活泼好动，要培养他们心中稳定的兴趣；在发展朝气蓬勃、满腔热情的同时，要针对粗心大意、虎头蛇尾进行教育；要培养他们养成扎实、专一、克服困难的精神，防止懈怠和见异思迁。

对胆汁质类型的学生进行教育时，既要触动其思想，又要避免触怒他们；在着重培养勇于进取、豪放的品质时，又要防止任性、粗暴。要设法培养他们的自制力。

对黏液质类型的学生要多给予其参加学校、班集体活动的机会，引导他们积极探索新问题，使其生动活泼、机敏地完成任务，防止墨守成规、谨小慎微等不良品质的发展；要更加耐心教育，允许他们有考虑问题与作出反应的足够时间。

对抑郁质类型的学生要多给予关怀、帮助，尤其要避免在公开场合指责他们；

在培养机智、敏锐和自信心的同时,要防止疑虑、孤独等消极品质的产生;要根据他们的接受能力,适当降低要求或调整要求,鼓励他们具有大胆的进取心。

我国古代教育家孔子主张因材施教,根据学生特点施以不同的教育。他认为高柴质地愚直,曾参天性迟钝,子张诚实,子路性躁,就针对他们的特点施以不同的教育。另外,他对子路的过于轻率,用抑制的方法以退之;对冉有的过于畏缩,用鼓励的方法以进之。

在学习过程中,教师要引导学生充分发挥各自气质的积极特征并努力控制消极特征,用不同的方法获取好成绩。如让多血质的学生充分发挥机智、灵敏、兴趣多样、善于应付多变的环境等特点去控制毛躁、粗心大意等弱点;让胆汁质的学生尽量发扬思维灵活、勇于进取、刚强等特点,尽量控制粗心、简单化等毛病;让黏液质的学生以踏实、顽强、认真的作风去补偿迟疑、不够灵活的弱点;让抑郁质的学生以细心、踏实、具有较强的坚持性去补偿怯懦、迟疑等不足。这样做都有助于提高他们的学习效率。

教育学生认识并能控制自己的气质,教师要善于帮助学生分析和认识自己气质特征中的长处和短处;懂得气质既是稳定的,也是可塑的。使他们做气质的主人,不为气质所左右。如果学生经常有意识地控制自己气质的消极品质,发扬积极品质,就有利于形成良好的个性品质;如果不能控制和掌握自己的气质特点,而让气质支配自己的行为,就有可能发展成不良的个性。

三、气质在身体保健方面的运用

气质类型对人的身心健康有着直接的影响。关于这一点已经越来越为人们所认识。医学家和科学家对这一问题也进行了深入而持久的探究。中国古代的《黄帝内经》认为人的情绪分为喜、怒、忧、思、悲、恐、惊七种,而七情与人的身心健康有着密切的关系。《黄帝内经》说:"喜伤心"、"怒伤肝"、"思伤脾"、"恐伤肾"。按照人的气质分类,多血质的人容易大喜大悲,黏液质的人易于陷入苦思,而抑郁质的人则多忧虑,所有这些情绪都将影响人的身体健康。

近代医学的临床研究表明:两种不平衡类型的人往往易患精神病。胆汁质的人由于抑制较弱,强烈的愿望、过度的紧张,容易使其神经衰弱,或发展为时而狂暴时而忧闷的躁狂抑郁性精神病。而抑郁质的人由于易于兴奋,抑制力较弱,困难的任务、思想上的矛盾冲突、个人的不幸遭遇,都会使其由不能忍受而转入慢性抑制状态并最终发展为精神分裂症。因此,为了保证胆汁质和抑郁质两种气质类型的人的身心健康,抑郁质的人应该经常在集体中获得真正的友谊和生活的乐趣,胆汁质的人应该注意把工作与休息适当结合。在日常学习生活和工作中,做到有张有弛、劳逸结合、松紧有度。

美国得克萨斯大学的科学研究人员证实,人的大脑和免疫功能之间存在着密切联系。在紧张状态下,人体防御机制的免疫力会降低。这一机制正好解释了一个人在紧张或抑郁以及心理失去平衡的情况下会产生疾病的原因。

APA学者、美国人路森曼(Rosenthal,R.H.)和弗里德曼(Friedman,M.J.)教授研究了心理特征和心脏病发病的关系。他们把具有说话与行动节奏快、性急、易动肝火、缺乏泰然自若态度、争强好胜、常常充满失落感和懊丧情绪、总是迫使自己处于紧张状态等特征的人归为 A 型性格。在一次学术会议上,许多科学家论证了 A 型性格是诱发心脏病的重要因素之一。A 型性格的人,血清中胆固醇、甘油三脂酸浓度都比较高。他们的毛细血管内的红细胞流动缓慢,红白细胞易于凝聚,激动、紧迫感将使血浆中的去甲肾上腺素增多,因而心跳加快,血管收缩反

应也较强烈。由于胆固醇、甘油三脂酸浓度升高，凝血时间缩短，去甲肾上腺素与胰岛素含量亦升高，最终易形成血栓，促发心绞痛与心肌梗塞。据美国全国心、肺和血液研究所的调查表明，具有 A 型心理特征的人患心脏病的比例高达 18% 以上。

因为气质是可塑的，具有 A 型心理特征的人，如果有意识地改变自己的脾气秉性，平时尽量克制激动情绪，学会"冷处理"的方法，就会控制急性子，使自己向稳重、文静、泰然自若的方向发展。

四、气质在社会交往中的运用

每个人都是社会的人，是构成纷繁复杂的社会关系网中的一分子，不可能脱离社会而独立存在。每个人都生活在社会大群体和某个具体环境的小群体中，每天都要进行各种各样的社会交往。在社会交往中，交往者自身的某些心理品质对人际关系产生着深刻的影响。我们经常会有这样的感觉，与某些人的交往使我们轻松、愉快、获益良多，而与另一些人的交往却令人不快、费力，甚至想远远地摆脱这种关系。产生这种情况的原因是多方面的，其中，交往双方气质是否契合、互补，对关系的稳定、发展抑或恶化、破裂起着重要作用。如果我们了解了彼此的气质，从而有针对性地制定交往策略，相互调整双方的情绪性格冲突区，这必将为人际交往的顺利进行带来极大的好处。

在人际交往中，如果我们可以判断交往者的哪些行为特点是由气质决定的，便能够较容易地预见对方对这种或那种生活情况会作出何种反应，从而防止冲突。

需要说明的是，在不同情景中观察一个人，对他的气质可能得出完全相反的印象。原因在于，感情常常能改变人们据以判断气质类型的外部现象。一个人在同亲人交往时，常难以控制自己的感情，喜怒皆形于言表，使人觉得他是个胆汁质的人；但当他处理复杂的工作问题时，却又表现得稳重、镇静，使人以为他是个黏液质的人；可到了朋友中间，他又表现出一些多血质人的典型特征，善于交际、性格快乐。正因为这样，19世纪德国心理学家威廉·冯特的如下建议才会使人觉得并不是玩笑："遇到了生活中一般的苦和悲，应做多血质的人；遇到了生活中重大的事件，应做抑郁质的人；遇到了深深关系我们利益的事情，应该做胆汁质的人；最后，当执行做出的决定时，应该做黏液质的人。"在了解彼此的气质类型后，可以试着在社会交往中找一些好朋友。在找朋友的过程中，要注意以下两点：第一，注意气质的互补。不能"臭味相投"，只交单一气质类型的朋友，而应该各种气质类型的朋友都交。这样才便于在交往中学习其他气质类型的长处，克服自己气质上的缺点。第二，学会容忍别人气质方面的弱点。俗话说"人无完人"，各种气质类型的人都可能存在着或多或少的缺点，首先要能接纳别人一时无法克服的缺点，然后和朋友一起努力，力争克服那些缺点。

10. 气质是可以改变的

当一个追求完美的人在确认了自己所属的气质类型并了解了该气质类型的优缺点后，也许会不无遗憾地说：怎么就没有一种完美的气质类型呢？然后，不到

好气质是这样养成的

黄河心不死的人也许会继续问道,能不能对各种气质类型进行美化呢?又该怎样美化呢?

让我们先来看看什么是气质美化。

气质美化(eautification of temperament)是通过美的熏陶使人的气质特征得到调适和改造的过程。人的气质在心理学上被定义为与一个人生来具有的解剖生理特点相关的稳定的心理活动的动力特点。解剖生理特点主要指人的神经活动的类型特点,如强弱、灵活性、平衡性等。这些神经生理特点都被认为是一个人先天具有而后天难以改变的。实际上,神经生理的特点总是以活动方式体现在人的言语和行为风格上的,如言行的强度、快慢和均衡性等。同时,人的言行风格又实际上远远不只含有先天因素,而在很大程度上是后天文化和实践的结果。人们在日常生活中所说的气质,指的就是这种既含有先天因素又包含着后天因素的与人的神经特点有关的言行风格。我们已经知道,气质分为胆汁质、多血质、黏液质、抑郁质四种基本类型,每一类型都表现出与之相应的言行风格特点。美的事物也有不同种类的风格,对人的神经形成不同刺激,进而对人的言行风格(即强弱、快慢、均衡性方面)产生不同影响。当一个人气质类型特点不足之处过分突出、言行风格不理想时,就可以用经常接触某种类型的美的事物的方法使之逐步改变。如胆汁质的人言行迅猛、近乎粗暴,可多接触优美、温柔的事物,听节奏舒缓的歌曲,看恬静的诗文,饲养、抚爱小动物等。抑郁质的人言行压抑,过于脆弱,可多接触壮美、刚劲的事物,听节奏强烈的歌曲,看感情奔放的诗文,到高山大海边去感受雄伟辽阔。气质美化实质上是事物的美的风格特点在人的神经和心理上留下痕迹,转化成人的言行风格的结果。

在我们谈到气质美化时,明白人就已经知道了气质是可以改变的。但目前世界上有不少人甚至包括一些心理学家都认为气质是不可变的。坚持气质不可变论的人认为:气质是天生的,一个人的遗传素质就决定了一个人的气质,那种认为

第一章
成功或失败都源于气质

后天的生活条件可以改变人的气质是一种误解。他们认为：气质可变论者所谓的"变"，其实，变的并不是气质，而是在后天生活条件下形成的性格，而它们恰恰"掩盖"了气质的某些特点；或者由于道德修养的加强，从而"控制"了气质的某些特点的表现。他们同样相信某些气质容易使人形成某些性格，但气质和性格之间并不总是这种一致的关系。因此，气质不变论者认为后天形成的性格可以和气质特点相矛盾，使人以为这个人的气质发生了改变。他们还由这样一个例子来证明他们的观点：一个抑郁质的人，可以由于后天的条件适宜、思想觉悟的提高、健康人生观的逐步形成，而使自己朝气蓬勃、精神舒畅、性格开朗，好像没有一点儿抑郁质的特点。但是只要仔细观察，就可以发现，这种人的这种性格虽然"掩盖"了他原来的气质的某些特点，但是他在举止行为中仍然不自觉地会流露出抑郁质的某些特点来，只是不那么明显而已。于是，根据这个道理，他们得出这样一个结论，一个人的气质带有遗传性，可以通过后天的生活条件，通过教育，用性格、用道德修养来"掩盖"某些气质特点。

其实，气质虽然是一个人比较固定的心理特征，但是我们知道，气质的类型是和高级神经活动类型相一致的，而高级神经活动类型并不是完全不可改变的，因此气质也不是不可改变的。气质常常随着年龄变化而变化。气质在童年时期表现得较为明显，但人一出生后，就会受到周围环境和各种条件的限制和约束，受到社会和家庭的教育和培养，各种有意或无意的影响，有时会加强其神经过程的兴奋性，有时则又会抑制其兴奋性，从而使原有的神经过程的特性也受到影响。经过生活环境和教育的影响，某些气质特点也就为后天获得的特性所"掩盖"，这说明随着生活条件和教育影响的不断变化，人的气质也相应地要发生改变。从实质上来说，儿童逐渐成长，其所表现出来的气质类型，已经渗入了后天的特性。因此在有目的的教育和培养下，有些人虽具有胆汁质类型任性、急躁的特点，却可以得到改变；具有黏液质特征孤独、胆怯的人，经过教育和个人努力，也可以合群，胆子大起来。

这里也可以看出气质变化与思想、性格的关系。一个人在道德修养不高、意志没有充分发展的情况下，胆汁质的特征就表现为暴躁、任性和缺乏自制力；相反，在具有高度的思想觉悟和良好的性格的情况下，胆汁质特征的表现就会有某些变化，克服某些缺点。可见，气质是受人的思想和性格控制的；而人的思想和性格的可变性是众所周知的，因而气质的可变性就无需怀疑了。

气质可变的一个最有说服力的例子有这样一个个案：唐纳金教授在解放初期是个典型的胆汁质气质的人，新中国成立初期，他领导着中国的心理学研究小组，为发展中国自己的心理学研究，他带领有关成员风尘仆仆地南下北上。为了深入

第一章 成功或失败都源于气质

群众进行广泛仔细的调查，每到一处地方，他都热情地帮当地人做力所能及的事，和老乡拉家常，直到取得人家信任后才逐步展开当初还不大为人所知的心理学调查。

有一次，他调查解放后妇女在其地位变化后的心理特征和想法，结果引起了误解，被接受调查的妇女的丈夫追着他打。地方政府迅速派来几个武装民兵，当他们赶到时，唐纳金教授已被揍得浑身是伤、鲜血淋淋。几个武装民兵当即冲上去扭住那个行凶者的胳膊，意欲把他拉去拘留，结果被唐纳金教授劝阻了。然后他又仔细地做那位男子的工作，终于使他明白了唐纳金教授所做的事，然后他热情地邀请唐纳金教授在他家住了好几天，并给唐提供了很好的采访环境。

还有一次，唐纳金教授为了研究心律频率与人的情绪的关系，把自己关在实验室里整整做了48小时实验，直到结果出来为止。

由于唐纳金教授和他领导的研究小组的努力，中国的心理学从无到有、从小到大，研究成果接二连三，其中有不少研究成果在国际上都引起了不小的震动。

然而好景不长。"文化大革命"中，由于唐纳金的心理学研究在当时几乎不为人所理解，其观点更不容易被人接受，他受到攻击。"文化大革命"之后，康纳金对他原来为之奋斗不已的工作提不起任何兴趣，整天与孤独为伍，无所用心地打发那些过去被它视若珍宝的时光。

改革开放以后，唐纳金申请到一份出国护照和在美国的永久居留权，他又开始重操旧业，但已远没有了他当初在国内的那份热情。他之所以要工作，其目的只是为了要保证生活有着落。这时的唐纳金显得安静、稳重、沉默寡言。由于美国人

33

好气质是这样养成的

际关系的冷漠，唐纳金找不到谈话的对象，每天除了待在实验室外，就是待在家里，养养花，看看书，日子过得百无聊赖。

有一天早晨，当唐纳金去车库取车时，发现自己的车已经不翼而飞。往常，唐纳金从来不锁他的车库，连汽车钥匙也常留在驾驶室里。从那次失窃过后，唐纳金把车停到车库时，总是先取下车钥匙，然后小心翼翼地锁上车库。每到夜里，一听到车库或门有任何轻微响动，唐纳金都会起床看看情况。他先透过门上的猫眼看看门口有没有人，确信安全后才打开门，然后小心翼翼地去车库看看，直到确信无事之后才回来睡觉。这时候的唐纳金显然又变成了一种黏液质气质的人。

最初，唐纳金在国内从事心理学研究时，他不相信气质是可变的。但他后来在接受研究机构的调查时，深有感触地说："气质是可以改变的，改变一个人气质的最大因素莫过于环境了。"这话当然不一定完全正确，但却告诉我们一个事实：气质确实是可以改变的。唐纳金作为心理学教授，其心理学理论可能有不正确的地方，可对其自身的分析应该是错不了的。

第二章
培养坚强的意志

好气质是这样养成的

1. 意志坚强的人更易成功

先讲一个故事：李云柱在抗美援朝的一次战斗中负了伤，昏迷了过去。当他醒来的时候，发现自己已成了战俘，看守他的美国兵也是个伤兵。因此，李云柱很自然地想到逃跑。可他再一看，自己身上穿着美军制服，而能证明自己身份的所有证件都不翼而飞，他很快就明白是怎么回事了：那时候美军为了从被俘的中国军人口中得到有关情报，常常对被俘人员施以严刑拷打，但是他们的企图却又往往不能得逞。于是他们利用中国军队严明的军纪，每当抓得中国军人就给他们换上美军的制服，使他们难以重新回归部队。李云柱知道他返回前线的希望是渺茫了，但逃跑之心却不死。他知道，军队由于严明纪律的需要不会再收留他，但祖国母亲的胸怀是博大的，一定会收留他这个曾在异乡流血的儿子。于是他在一个月黑风高的夜晚，趁那个看守他的美军伤兵不注意时砸昏了他，并搜出钥匙打开了脚镣手铐和关押他的牢门，逃了出来。

逃出魔窟的李云柱并不顺利，他那条受伤的腿使他不能快速前进，有时候钻心的疼痛不得不迫使他停下来休息。最初几天。李云柱害怕美军会派人前来追捕他，所以他只能昼伏夜出。这样走了没几天，伤口发炎。剧烈的疼痛常常使他睡不着觉，豆大的汗珠顺着脸颊直往下淌，但李云柱咬紧牙关一瘸一拐地往前走。

第二章 培养坚强的意志

后来，伤口化脓了，而口袋里仅有的一盒清凉油也早已涂用得精光。这时的李云柱每天只有靠在路边扯点儿金钱草之类的植物嚼烂了敷在伤口上，而这远不能解决问题。最后，他实在不行了，又累又饿，再加上伤口的折磨使他连站起来的力气都没有了，他只好在地上爬着前进。但他一直都没有灰心，他告诉自己：就是爬也要爬回祖国去。

近了，终于近了，李云柱看到鸭绿江的边缘了，他看到自己的国土了。李云柱高兴得居然站起来急行了好长一段路。在一条小溪边，李云柱再次累得昏了过去。醒来后，李云柱大口大口地喝了一肚子溪水，在水边扯几把鱼腥草吃了，然后再小心地解开包住伤口的破布，他发现伤口外有东西在蠕动，再仔细看时，竟是些1厘米左右的蛆。李云柱用溪水洗净伤口，再嚼了些鱼腥草和金钱草敷在伤口上，把原来缠伤口的那条破布带洗了洗，重新把伤口包扎起来。李云柱知道，要趟过宽阔的鸭绿江非得有较好的体力不行。因此，他在江边活动了一天时间，找了许多"可吃"的东西，然后再好好地睡了一觉。

第二天，李云柱就开始趟鸭绿江了。好几次，他都差点儿昏迷过去。伤口的疼痛和体质的虚弱使李云柱感到鸭绿江好像无边的大海，不知对岸有多远。但李云柱告诉自己，一定要趟回去。

后来，李云柱终于被驻守边防的战士发现了，战友们把他救了起来。李云柱终于凭借其顽强的意志力回到了祖国的怀抱。

所谓意志（will），就是人们自觉地确定目的，并根据这一目的来支配和调节自己的行为，经过克服困难，而最终实现预定目的的心理过程。让我们以李云柱的事迹为例来看看意志的含义。首先，李云柱自觉地确定了回归祖国这一目的。为达到这个目的，李云柱采取了坚韧不拔的行动，克服了伤重、缺食少药、路途遥远等重重困难，最终实现了回归祖国这一目的。

意志是人类特有的心理现象，也是人的意识能动性的表现。它有两个明显的特点：①明确的目的性。意志行动是自觉确定目的的行动。人为了确定行动的目

好气质是这样养成的

的，总要审度客观形势、分析现实条件、回顾过去经验、设想未来结果，全面权衡后才能确定恰当的目的。②与克服困难相联系。行动目的的确定和实现总会遇到各种各样内在和外在的困难，只有克服困难才能实现预定的目的。它在困难中得以表现，也在困难中得到锻炼。它对行动的调节作用表现在两方面：一是波动，即推动人从事达到预定目的所必需的行动；一是制止，即抑制不符合规定目的的行动。它不仅可以调节人的外部动作，而且可以调节人的心理活动和状态。

曾对1000多名智力超常的儿童进行了长达50年之久的追踪调查，发现其中有些人后来在事业上获得了很大的成就，另外一些人则一事无成、碌碌无为。心理学家们把他们分成"有成就组"和"无成就组"，并具体比较了这两组人各方面的情况。结果发现，这两组人的智力相接近。几十年后，他们的智商仍远较一般人高。他们之间之所以出现成就上的巨大差异，最令人注目的原因是意志品质方面的差异。那些后来获得很大成就的人对所从事的事业有忘我的献身精神，执着地追求自己所认定的目标，即使遇到多次重大挫折仍毫不动摇。而属于"无成就组"的那些人则意志薄弱，在困难面前畏缩不前，消极地等待良好环境和成功机遇的出现，常为之丧失了本来可以取得的成功。心理学家由此得出这样一个结论：人们是否能取得事业上的成功，在很大程度上并不取决于人的智力或客观环境，而是取决于他们是否有坚强的意志。

如果你想在事业上取得成功，你就必须把自己锻炼成为一个意志坚强的人。

2. 在挫折中奋进

许多年前。一位聪明的老国王召集大臣，让他们编一本《古今智慧录》，留传给子孙。这些大臣工作很长时间，完成了一套 12 卷的巨著。国王说太厚、需要浓缩。这些大臣经过长期的努力，变成了一卷书。然而，国王还嫌太长。于是，这些人把一本书浓缩为一章，然后缩为一页，再变为一段，最后变为一句。

聪明的国王看到这句，显得很得意。他说："这是古今智慧的结晶。全国各地的人一旦知道这个真理，我们大部分的问题就可解决了。"这句话是："挫折是一笔可贵的财富。" 有责任感的人都会同意"挫折是一笔可贵的财富"。没有人会不劳而获，在走向成功的道路上，每个人都要付出汗水，还要勇敢地面对挫折与失败。

知识链接

从挫折中吸取教训，是迈向成功的垫脚石。当我们观察成功人士时，会发现他们的背景各不相同。那些大公司的经理、政府的高级官员以及每一行业的知名人士大多来自清寒家庭、偏僻的乡村甚至于贫民窟。这些知名人士的成功，是因为他们都经历过常人难以坚持的艰难困苦。从挫折中吸取教训，是迈向成功的垫脚石。

3. 逆境中依然存在希望

有三只青蛙一同掉进一只装满鲜奶的桶中，第一只青蛙说："这是神的旨意。"于是，它缩起后腿，一动也不动。

第二只青蛙说："这只木桶太深了，我实在没有办法跳出去。"说完，也同样动也不动。不久，这两只青蛙就都被淹死了。

只有第三只青蛙没有放弃努力，他想："只要我的后腿还有些力气，我就一定要把头伸到鲜奶上面。"它就这样慢慢地游啊，游啊。忽然，它觉得它的腿碰到了一些硬硬的东西，试试，居然能够站在上面。原来，它不停地游来游去，把鲜奶搅成了奶酪。第三只青蛙站在奶酪上面，一跃跳出了桶外。

每个人都可能有环境不好、遭遇坎坷、工作辛苦、事业失意的时候。可以说，在我们每个人没有降生到这个世界之前，就注定了要背负起经历各种困难折磨的命运。既然是生活，那么在生活和工作中的苦苦乐乐就是难以避免的。做生意顺利的时候，财源滚滚而来，取之不尽，用之不竭。一旦遇上风险逆境来临时，就又要过一段紧衣缩食的日子。不够坚强的人当逆境来临时，就会匆匆结束这次旅行，提前承认自己的失败；而假如我们足够坚强，就该明白，我们就是为经历这些逆境而来，历练自己。

4. 挑战失败

面对失败的挑战，我们需要付出的全部就是尽心竭力、拼搏获胜。拼搏获胜的一个基点就是不要消极地把自己和那些巨人或任何别的人相比较，而要把他们当作自己的榜样。然后选择任何一件在你生活中能够达到的事情，坚持干下去，并且全力以赴。在这个过程中，切记不要被一些荒诞之说所迷惑，即只有富有者，才能成功；只有矫健者，才能成为超级明星；只有美貌者，才能得到想要的一切，等等。这根本就不是真实的情况。

无论历史中，还是现代的宣传媒体里都在讲述那些藐视和不顾严重的身体缺陷而成为成功者的人们。在现实中，斯蒂芬·霍金是个神经系统失调的人，这严重地影响了他的说话能力，并把他禁锢在轮椅上。但他在理论物理方面所做的工作，成为当代解释宇宙的最重要的理论贡献之一。按他同事的说法："他之对于爱因斯坦，正如爱因斯坦之对于牛顿。"

图鲁斯·劳特瑞克长得畸形而矮小，但他创造的杰出绘画，使其成为印象派时代最伟大的天才之一。尽管他身材矮小，却被视为一位巨人。

尽管这些人都有难以逾越的障碍，但他们还是成功了。人们有道理认为，假若他们在抱怨自身不幸和身体缺陷中度过了他们富有创造性的宝贵时光，那么，除了日渐衰老和迟钝外，他们将一事无成。

在人类的实践和认识过程中，失败的事件和不正确的认识曾耗费了人们大部分的时间和精力。甚至可以这样说，成功往往是从失败开始、并伴随着失败而获得的。

5. 不要放弃最后的希望

每一次成功都来之不易，每一项成就都要付出艰辛。对于志在成功的人而言，不论面对怎样的困境、遭受多大的打击，他都不会放弃最后的努力，因为胜利往往产生于再坚持一下的努力之中。

20世纪60年代末，美国实业家哈默踏上了利比亚的土地。利比亚国王伊德里斯一世在王宫的宴会上对哈默说："真主派您来到利比亚。"这话表示了这位胡子全白的西奴西部落的领袖对哈默这位世界著名的人物的尊重与敬佩。

哈默到了利比亚才发觉,除了美国为维持其轰炸机基地而支付的费用外,利比亚几乎无其他外来财政资助。在早年意大利占领期间,墨索里尼为寻找石油花费了上千万美元而一无所获。埃索石油公司也花费了数百万美元,打了好几口井仍不出一点儿油,只好打道回府。另外还有壳牌公司,耗资5000万美元打出的全是废井,法国公司也好不到哪里去。

只是当埃索公司准备撤离时却打出了一口油井。于是许多人又重新对利比亚这块土地产生了兴趣,认为说不定这里是一块聚宝盆。

哈默到达利比亚时,正值利比亚政府准备进行第二轮出让租借地的谈判,出租的大多是原先某些公司所放弃的地域。根据利比亚法律,各国的石油公司应尽快开发其租得的地域,如开不出油,就须将部分租借地归还利比亚政府。

谈判开始后,来自9个国家的40多个公司参加了投标。这些公司大致分为三类公司:一类是财大气粗的国际性大石油公司,像埃索、美孚、壳牌等;第二类是像哈默的西方石油公司这样的第二梯队,它们的规模较小,但具有行业经验,利比亚也希望其参与竞争;第三类是一些投机性的转包公司,希望得标后再转手卖出,以从中渔利。

尽管哈默同伊德里斯国王建立了良好的私人关系,但公司的实力还是很有限的。哈默与匆匆赶来的董事们分析了第二轮谈判的形势,在四块租借地上投了标。

等到开标时,哈默得到了其中的两块。一块是被壳牌等几家组成的"沙漠绿洲"财团认为无望出油而放弃的;另一块是莫尔比石油公司耗资百万美元探出大部分是干井而匆匆撤走的地块。

哈默对得标的两块地并不很满意。但他还是下了大本钱,立即开始打井。刚开始，公司在第一块租借地打的头三口井滴油不见。西方石油公司第二大股东里德坚持要撤出利比亚，说："这里不是我们这样的小公司应该待的地方，已扔了500万美元，还能扔得起多少？"

这是一番经验之谈。小公司不可能花大本钱开采这种没有几分把握的地块。但是哈默的第六感觉却促使他坚持在这里打下去，他认为应该不放弃最后的努力。

几周后，一台西方石油公司的钻机在几家优柔寡断的大石油公司所放弃的地块下面钻出了油，接着又打出了8口油井。而且这是一种异乎寻常的高级原油，含硫量极低，每天可产10万桶原油。

更重要的是，这个奥吉拉油田在苏伊士运河以西，产出的石油通过地中海和直布罗陀海峡，不到10天就可以运抵石油奇缺的欧洲国家。而大量的阿拉伯石油在苏伊士运河不通时，只有被迫绕道好望角，历时两个月才能运抵欧洲。

与此同时，哈默的好运气又在第二块租借地上出现了。西方石油公司利用新的地震勘探技术，仅耗资100万美元就打到了一口珊瑚礁油藏，不用油泵，石油也会无休止地喷涌而出。不久又打出了第二个日产7.3万桶原油的珊瑚礁油藏。

至此为止，哈默这个规模不大的西方石油公司竟成了利比亚最大油田的主人。他得到了比奇特尔公司的支持，着手进行一项耗资达1.5亿美元的油田开发计划。要铺设一条耗资巨大的输油管道，全长130英里，日输送原油100万桶。这条管道是利比亚境内最大的输油管。

知识链接

对于志在成功的人而言，不论面对怎样的困境、遭受多大的打击，他都不会放弃最后的努力，因为胜利往往产生于再坚持一下的努力之中。

6. 学会当机立断

有这样一个故事：

一头驴子出去寻找食物，发现了两堆距离不远的草：一堆是新鲜的青草，另一堆是金黄的干草。一时间，它想先吃青草，又担心干草被别的驴子吃了；想先吃干草，又担心青草放久了不嫩了。最后的结果是，这头驴子饿死在两堆草之间。

生活中也有很多这样的人，他们在面对选择前总是患得患失、优柔寡断，担心自己的决定会带来损失，不愿作决定。等到不得不作决定的时候，就尽量地往后拖，甚至刚作出决定就马上反悔，到头来只落得个两头空的结局。

深究起来，人们之所以在选择的时候患得患失，在作决定的时候优柔寡断，内心里其实是为了追求完美。本来追求更好是有上进心的一种表现，也是无可厚非的，但若以此为不能果断决事的借口就不可原谅了。所以，要果断地作决定，很多时候，成败也就在那一瞬间的决定。

阿莫斯·劳伦斯说："我们具备了当机立断的好心态，因此，才会站在时代潮流的前列；而另一些人心态则过于拖延迟缓，直到时代超越了他们，结果他们落后了。"

当别人问及亚历山大是如何征服世界时，他回答说，他自己只是当机立断，坚定不移地去做好每一件与此有关的事情。

拿破仑在紧急情况下从不犹豫不决。他总是会立刻抓住自己认为最明智的做法，而牺牲了其他的计划和目标，因为他坚定地拒绝其他不断地扰乱自己思维和行动的计划和目标。这种办法的确很棒，充分体现了勇敢决断的力量。换句话说，也就是要当机立断选择最明智的做法和计划,而放弃其他的行动方案。

拿破仑是欧洲历史上叱咤风云的大人物。而根据历史记载,他之所以遭遇滑铁卢的惨败,就是因为他忘记了当机立断地作出明智的决断;而在此之前他总能在关键时刻以神速的决断化险为夷。

凭借顽强的毅力,拿破仑的铁军几乎征服了整个欧洲。不管是在重要的战役中,还是在最微小的细节上,他同样能作出迅速的决断。这种迅速决断的力量就像是一块巨大的凸透镜,它能聚集太阳的光线,甚至可以熔化最坚硬的金刚石,它无坚不摧。

当然,我们所作的决定必须是明智的。就算是像骡子那样固执而愚蠢的人也能够作出决定,但是他的决定应该被阻止。"顽固不化"和"坚持到底"有很大区别。所谓"顽固不化"是指不管是否合乎逻辑,在坚持错误的计划或目标上固执己见,不自我反省。这是非常不明智的行为。

一个受过良好教育的人应该是相信自己、引导自己并能完全控制自己的人。也就是说人必须要养成当机立断的做人处事心态,才能获得更多财富,赢得更多成功。

有时候,你可能会碰到一些必须作出决定的紧急时刻,此时你也许会集中全部的精力来作出一个决定,虽然你当时可能会意识到这个决定或许非常果断。在那样的情况下,你必须把自己所有的理解力和想象力激发出来,马上思考更内在的东西,并使自己坚信这是在当时的情况下所能作出的最明智的决定,然后立刻付诸行动。在人的一生中,有许多的重要决定都必须当机立断。只有当机立断,你才能成功。

7. 坚持铸就完美人生

坚持,再坚持,是每个苦苦探索、最终成功的人的必经之路。

坚,就要敢于咬定青山不放松,毫不动摇地向着目标奋勇前进;持,就要矢

好气质是这样养成的

志不移,持之以恒,把"坚"的信心与勇气一直贯彻下去!

在困难的时候一定要告诉自己"再坚持一下",就像比阿斯说的"要从容地着手去做一件事,一开始就要坚持到底"。所有的成功者都可以证明:是坚持成就了人生的辉煌。

20世纪70年代是世界重量级拳击史上英雄辈出的年代。4年多未上拳台的拳王阿里此时体重已超过正常体重20多磅,速度和耐力也已大不如前,医生给他的运动生涯判了"死刑"。然而,阿里坚信"精神才是拳击手比赛的支柱",他凭着顽强的毅力重返拳台。

1975年9月30日,33岁的阿里与另一拳坛猛将弗雷泽进行第三次较量(前两次一胜一负)。在进行到第14回合时,阿里已精疲力竭,濒临崩溃的边缘,这个时候一片羽毛落在他身上也能让他轰然倒地,他几乎再无丝毫力气迎战第15回合了。然而他拼着性命坚持着,不肯放弃。他心里清楚,对方和自己一样在苦苦支撑。比到这个地步,与其说在比气力,不如说在比毅力,就看谁能比对方多坚持一会儿了。他知道此时如果在精神上压倒对方,就有胜出的可能。于是他竭力保持着坚毅的表情和誓不低头的气势,双目如电,令弗雷泽不寒而栗,以为阿里仍存着体力。这时,阿里的教练邓迪敏锐地发现弗雷泽已有放弃的意思,他将此信息传达给阿里,并鼓励阿里再坚持一下。阿里精神一振,更加顽强地坚持着。

果然,弗雷泽表示"俯首称臣",甘拜下风。裁判当即高举起阿里的臂膀,宣布阿里获胜。这时,保住了拳王称号的阿里还未走到台中央便眼前漆黑,双腿无力地跪在了地上。弗雷泽见此情景,如遭雷击,他追悔莫及,并为此抱憾终生。

其实,当你已经下定决心为自己的目标奋斗下去时,就连艰辛的付出也会变得让人心旷神怡。但如果只是浅尝辄止、畏惧退缩,你所能得到的,只能是一连串的沮丧和失意。最后,你甚至会失去生活和工作的乐趣。

也许你会说,我只是一个普普通通的人,能维持现状就不错了,又能做出什么惊天动地的事业呢?但凡事都是求其上者得其中,求其中者得其下。如果我们只愿意做出维持现状的努力，那么我们的这点儿努力就可能连现状都无法维持。而且，平凡不等于平庸。很多人都是像我们这样，没有多少卓越的才华和惊人的天赋。但他们的心里有着美好的梦想，他们为此勇敢前进，不断地探索、解决问题。也许他现在还没有多少成就，但是就这样日积月累，他们已经开始令人刮目相看了。同事们有问题时会第一个想到他们，公司的攻关要依靠他们。他们在努力解决问题的同时使能力得以飞速的提高，渐渐成为老板的得力助手。而最初，他们也不过与我们一样是平凡的人。但既然别人都已经做到，我们就不能尝试一下吗？

要想成就一番事业，就要敢于坚定不移地迎接挑战。我们要敢于让自己的决心坚定得像高山一样，失望沮丧的情绪不能动摇它，别人的冷眼旁观不能削弱它，即使外界的艰难险阻也不能阻挡它！无论前方有多少艰难险阻，我们都要勇敢地站出来向它挑战！在与困难的斗争中，我们会随之强大起来；最后，就连自己都会为自身如此迅速地成长感到惊讶。反之，如果我们一遇到困难就忍不住畏惧退缩，我们的自信与勇气也会随之逐渐消退。可能以后随便的一个问题都会让我们头痛不已、无可奈何。

我们中的大部分人，总是在稍作尝试后就转投他处；或者在披荆斩棘了一段路程后因希望渺茫而中途放弃；或者历经艰辛后在最后关头功败垂成！我们也渴望成功，我们也愿意做出一些努力，但我们却缺乏不成功誓不罢休的决心！我们总是犹豫退缩，把自己的失意与别人的成功不负责任地归结为命运的安排。可是就连我们自己都不能为自己的前程奋发努力，即使上天有心帮忙，又能帮我们做些什么？

也许你会说对自己的人生十分满意，但如果你的生活没有追求、

好气质是这样养成的

没有挑战，我不相信你真的感到满足。在你内心深处，一定有一个角落在呐喊着：我想要更多、更新、更好的东西，它或许被层层的消极的想法掩盖着，但这种希望自己进步的渴求一定深深地扎根在你的心中。

相反，一个勇敢前进，不断追求、学习新事物的人，即使他现在尚未达到目标，或成就不大，但他一定对自己的生活充满信心。因为他的人生有方向、有发展、有收获，他的每一天都过得很有意义。

知识链接

坚，就要敢于咬定青山不放松，毫不动摇地向着目标奋勇前进。

持，就要矢志不移，持之以恒，把"坚"的信心与勇气一直贯彻下去！

8. 培养顽强的毅力

毅力从某种意义上来说属于意志的范畴，它与意志有着某些相通之处，但毅力毕竟不同于意志。所谓毅力，其含义包括三方面的内容。即强烈的目的和欲望、控制欲望的能力和为实现目标而不断努力的能力。

要培养顽强的毅力，可以从以下三方面入手：

一、明确目标

在确定目标时要合理，并适当将目标定得略高一些。在工作和生活中要确定一个目标并非难事，关键是怎样才能实现自己所确立的目标。因此，在确定目标时，首先要记住你所确定的目标有实现的可能性。我们通常用"好高骛远"来形容那些追求不切实际的目标的人。假若你想练习长跑，一开始就强迫自己跑一万米，那么很快你就会因为体力问题而泄气。有篇《三人行》的文章，描述的是在长征中掉队的三个人。其中只有一个身体状况好些，为了走出茫茫的草原，且不丢下另外两个有伤的战友，他只得一趟又一趟地背着他们走。当时粮食奇缺，连野菜都几乎被先头部队挖了个精光。因此，那个身体状况比较好的战士在确定目标时，就很能根据自己的体力情况，定出适当的目标。至于那三人最终是否走出了草地，文章中没有说，但可以设想，只要目标适当，再加上顽强的毅力，他们一定会走出那片茫茫的大草原，否则这个故事就不可能留传下来。

在确定目标时，应该把对自己来说是过远或过大的目标划分为几个阶段，制定几个阶段性目标，可以以不同的时间段划分出短期目标、中期目标和长期目标。我国现代化战略思想的"三步走"计划和我国国民经济和社会发展的五年计划和十年规划即运用了这个原理。也可以按距离的远近、工程量的大小制定不同的目标。将较高要求目标和较低要求目标有机地结合起来，是达到目标的切实而有效的好办法。

此外，在制定目标时，最好把目标定得比自己的实力稍微高一点，也就是人们经常所说的"高标准，严要求"。至于高多少，那得根据你自己的实际情况和性格特征，并全面考虑各种制约条件，以保证所定目标比较合适。如果目标定得过高，一旦失败，对人的打击就会很大。当然，目标也不能定得太低，否则将影响整个人生的奋斗价值。

心理学家进行过这样一项调查，发现不少人在定目标时，由于目标过高而导致失败。而这些尝试了失败的人在重新制定目标时，往往会比原来定得更高，从而出现一种失败的惨重后果。

二、集中注意力

注意力集中的程度如何与人的主体条件和客观环境条件密切相关。人的主体条件代表的是欲望、兴趣和关心,而客观环境条件主要是指来自外界的刺激。

如果你要突出满足某一欲望,就必须要有效地控制其他欲望。例如你想提高对工作的欲望,就必须控制一下玩的欲望。现实生活中常常出现这样的情况,有的人雄心勃勃地宣称自己要如何如何,乍听起来,似乎一幅宏伟蓝图就在眼前展现开来,一种辉煌成果正向他款款走来,一种刻苦勤奋、脚踏实地的精神将在他身上体现出来。然而,事实却是成天吆五喝六地搓麻将、天南地北地侃大山、无所用心地耗时光。因此,重要的是要给自己制定一份达到各种欲望的明细表,以明确自己急需要满足的欲望的顺序,例如几点到几点满足工作的欲望,几点到几点满足玩乐的欲望,并且严格按照计划执行,切不可三天打鱼两天晒网。同时,在制定计划时,要充分考虑灵活性。比如你规定下午1点到3点休息,但此时恰好有一个非见不可的朋友来找你谈事情,这势必打乱你的计划,所以在制定计划时要适当地保留一些回旋的余地。只有工作和休息都安排得很好的人,才会有效地调节欲望。

要集中注意力,还得很好地处理环境,尽可能地排除一切噪音和其他感官刺激,力求给自己创造一个安静的条件。当然,假若你住在临近街道的地方,汽车的噪音你是不能排除的,但你完全可以想办法减小其影响。总之,要尽量排除外界刺激的影响。

三、提高忍耐力

要想提高忍耐力,你可以做些体育锻炼。严格的体育锻炼,对提高人的忍耐力是有用的。

与忍耐力有密切关系的是控制感情,没有忍耐力的人常常感情不稳定。兴趣来了的时候,他会半夜起来开夜车;没有兴趣的时候,做什么都有气无力,一点儿热情都没有,情绪始终忽冷忽热。通过有效地控制这种感情,可以提高忍耐力。

第三章
培养健康的兴趣爱好

1. 全面打造自己的综合素质

万丈高楼平地起。对于高楼而言，基础很重要。没有了基础，一切都将成为泡影。对于一个人而言，他也要有基础，这个基础就是素质。从根本上讲，一个人的成功在很大程度上取决于其个人的素质。只要有了"金刚钻"，便不怕没有"瓷器活"，便不愁做不出令人眩目的成绩。

所谓素质，是一个外延很广的概念。狭义的素质是指人的先天的解剖生理特点，主要是感觉器官和神经系统方面的特征。这种素质只是人的心理发展的生理条件，它的发育与成熟是在社会实践中实现的，它的某些缺陷是可以通过"补偿作用"而不断完善起来的。广而言之，人的学识、口头与书面表达能力、组织和管理才能、工作经历、出色的成绩、求胜心等都可用"素质"概括。具体包括以下几个方面：

一、学历和学业成就

现代社会中，学历的高低已经成为求职的一个必备条件。翻阅报刊上的招聘广告，走进公司招聘处，无不要求学识程度。在一些地方，小到普通玩具厂、大到电子仪器公司等应聘合同工，都有一条不成文的规定，即要求应聘者必须具有高中学历。在某些大城市，明文规定硕士以上学历者调入该市工作，可以免收几千元的工作调动费，博士甚至可以额外解决家属就业问题。之所以如此，是因为学历可以衡量一个人的学识程度，可以初步判断一个人的素质，这就是体现人们接受教育的重要意义的一个方面。学业成就直接关系一个人的工作和薪金。但步入社会的必要准备不仅包括一个人学习期间的综合素质，以及某种潜能的挖掘。当一个雇主看到你的毕业证书上各门功课很少达到良好以上时，你的面试表现再好恐怕也很难打动他。当被问及专业相关的一些知识，你只能顾左右而言他时，主考官眼神一定会告诉你某些不好的兆头。当被问及的问题被你回答得像背书一样时，招聘者可能只会佩服你的记忆力。在目前人才云集、职位甚少的竞争环境里，你综合素质的好坏或高低直接关系你的前途。

二、口头和书面交际能力

据调查，人们发现在就业与工作中卓有成绩和受到提拔的各类因素中，口头和书面的交际能力位居榜首。

无论在工作岗位，还是在校就读，交际能力的确有待提高，着手这些技能的开发、培养和磨炼是刻不容缓的。如果你的文笔粗浅，表达呆滞，句子结构松散，语法错误不断；或在众目睽睽之下难以表达自己的见解，那么，你最好为此作些努力。逃避是没有用的，丑媳妇早晚要见公婆！你的这些弱点或早或迟总要显露出来。或许有一天，你被邀作一次演讲或参加一次分组讨论，因此，你就应该作好充分准备，要使你的口才同你的能力一样，给人留下深刻的印象，而不要因此削弱了你的形象。

如果你的书面表达能力不强，你的雇主或同事可能会一边读着你起草的东西一边想："某某是个人才，也是名好雇员，可他（她）写的东西一文不值。"努力改正这些缺点，不要让它成为毁灭你前程的病根。

在求职过程中，如你在这一领域缺乏能力，也将很快地表现出来。行笔粗糙的求职信中，表述不清的个人简历和质劣的申请表述都是写作技巧的实际体现。同样地，面试也为检验口头表达能力提供了机会。

"亡羊补牢，未为晚也。"目前在社会上已有一些口头交际、公开讲演、书面表达之类的培训班，如果你的表达能力达不到一般水平，参加这一类培训班是极其必要的。报名参加了这类课程（即使是被迫的）并自觉练习这件事本身就反映了这些人的成熟和积极进取。

三、电脑技术

我们生活在一个信息化的时代，这个时代的新信息、新知识、新技术在以几何级数字增长。无论你主修的课程是商业、工程学，无论你学的是理科还是文科，电脑知识与技术在你个人和职业的未来中，都将起着愈来愈大的作用。要明智地利用你的选修课程，首先要明了你的领域是以电脑知识作为职业工具，还是仅仅需要了解个皮毛。然后，学习所需的必要课程，为未来作好充分的准备。

要铭记，今天所学的基本知识和技能都是明日走上工作岗位竞争获胜的因素。高科技条件下，许多人将像过去使用笔和纸一样使用电脑。雇主们越来越把电脑知识作为衡量你的一项举足轻重的技能来对待。为了在职场上如鱼得水、一帆风顺，你必须提早学习电脑知识，拥有电脑技术。

2. 健康兴趣培养的原则

有一次，阿里和一个同学一起出去游玩。当他们从一个动物园里出来的时候却发现自己的自行车竟已不翼而飞。阿里非常恼火，因为那车是他费了相当多

第三章
培养健康的兴趣爱好

的口舌才让父亲给他买的,没想到才过了几天就被人偷了。阿里和他的同学一起去体育馆找警察帮忙,因为他们知道体育馆由于经常有比赛,故而随时都有警察在维持秩序。他们在体育馆看到几个拳击手正在拼命搏击。阿里很快地看得入了迷,不时地学着拳击手做着拳击动作,浑然忘了自己来体育馆的目的。阿里的那位同学显然对拳击不很感兴趣,看一会儿就离开了,他向警察反映了他们的自行车被盗的情况。这位警察过去向阿里了解情况时,看到阿里如痴如醉的样子便问他:"你也喜欢拳击?"阿里说:"我一看到他们的比赛我就喜欢它了,假若我成了拳击冠军,就没有人敢偷我的车了。"恰好这位警察是个拳击教练,听阿里那样一说,就去给阿里拿了一张参加拳击训练的登记表。从此以后,阿里就开始了他漫长艰苦而又骄傲的拳击生涯,最后成为称雄于拳坛的世界重量级拳王。

事实上,因为一个人对某件事情的兴趣而使他毕生致力于那件事物并最终取得成功的例子很多很多,简直不胜枚举。

所谓兴趣(interest),是个人力求接近、探索某种事物和从事某种活动的态度和倾向;亦叫爱好,是个性倾向性的一种表现形式。兴趣在人的心理行为中具有重要作用。一个人对某事物感兴趣时,便对它产生特别的注意,对该事物观察敏锐、记忆牢固、思维活跃、情感深厚。有这样一个关于人的兴趣的例子。富丽堂皇的王宫里,国王宝座周围的官员们都身穿雍容华贵的燕尾服,脚登带银扣子的靴子,神情肃穆。原来,法国国王今天要会见著名的昆虫学家法布尔。法布尔走进来了,他一生的兴趣都在昆虫世界,此时此地,居然也用观察昆虫的眼光来打量王宫里的这些人,一下子忘了眼前是一国之王和显贵的大臣

们。他从他们的服饰联想到了一种"鞘翅目"昆虫。"连颜色都像极了，都是棕黑色的！"法布尔脱口而出。我们常说三句话不离本行，事实也果真如此，正如一个喜欢电子游戏的人，一走进俱乐部往往首先留心有没有电子游戏机，而棋迷则十分注意有无棋室。

兴趣可以表现为不同的形式，如物质兴趣（表现为对诸如服饰、食品、住房等物质生活的追求和关注）和精神兴趣（表现为对诸如知识、艺术、思想等精神生活的关注和追求，它是个性气质修养方面的高水平，可以使我们体会到生活的丰富和美好。是一种积极引导人们发掘自身潜力的创造性活动）；直接兴趣（表现为对客体的新异性吸引的兴趣。居里夫人在潮湿冰冷的实验室里，从大量的青铀矿石中提炼出了铀，还发现了镭，就是因为她对这种艰苦的科学探索工作本身感兴趣）和间接兴趣（表现为受活动的最终目标和结果吸引的兴趣。中国女排运动员平时艰苦地训练，带着伤、流着泪还得接教练发来的"重磅炸弹"，就是因为她们对这样训练的可能后果——夺得世界冠军，为中华民族争气——感兴趣）；短暂兴趣（表现为对客体或活动的兴趣，易产生，也容易消失。如教师上课为集中学生注意力而举的生动有趣的例子就是为了调动学生的短暂兴趣）和持久兴趣（表现为把兴趣长时间地集中于同一客体或同一活动中）等。

兴趣在对人的教育中有着很大的作用。首先，兴趣是推动人们去寻求知识的一种力量。人们对自己感兴趣的事物，总是力求去认识它、研究它。这就必然从中获得丰富的知识和技能，并能使某些潜在的素质和能力得到发展。一个具有广泛而深厚学习兴趣的人，就能孜孜不倦，刻苦地钻研各门学科的科学文化知识。

其次，兴趣能开阔人的眼界，丰富人的生活内容。具有广泛而稳定兴趣的人，兴趣推动着他们广泛地接触和了解各方面的新鲜事物，并参加社会实际生活的各种实践活动，这样就可以使他们眼界开阔，丰富心理生活的内容，并使其气质得到充分的发展。

最后，兴趣能促使人们进行创造性劳动。一个人对自己所从事的事业具有了兴趣后，就能使他开动脑筋寻找和采用最完善的科学的方式方法来进行创造性劳动，以致于产生出发明创造。

兴趣虽然有上述作用，然而不良的兴趣却可以使人的学习和生活受到妨碍，甚至使之腐化堕落，走上犯罪的道路，因此应该加强对良好兴趣的培养。

知识链接

兴趣是推动人们去寻求知识的一种力量。人们对自己感兴趣的事物，总是力求去认识它、研究它。这就必然从中获得丰富的知识和技能，并能使某些潜在的素质和能力得到发展。

3. 如何加强健康的兴趣培养

这是兴趣培养中必须遵守的一项原则。人们在有意识地培养自己的兴趣时，应该事前研究一下你即将培养的兴趣是否健康，对你从事的工作有没有帮助，能否丰富你的业余生活，是否可以陶冶你的情操，能不能对你的气质完善有所帮助。

好气质是这样养成的

4. 注意兴趣培养的广阔性

有些人对一切事物都兴致勃勃，对新事物尤其敏感，乐于探求，他们的兴趣广泛丰富。有的人则把自己局限在小天地里，兴趣单调、贫乏和狭窄，因而生活了无生趣。如果你想在社会生活中有一种游刃有余的感觉，你就有必要培养广泛的兴趣。

广泛的兴趣不仅可以调剂生活，而且可以丰富知识、陶冶我们的情操。比如你热衷于集邮时，那一枚枚彩色的邮票会使你熟悉林林总总的大千世界；热衷于古钱币或其他古董的收藏，你会更真切地从中了解各民族历史文明的悠远深厚；而当你对音乐、绘画等有强烈兴趣时，便会感到自己的心灵跃上了一个崭新的境界。在这样的境界中，世俗的物质诱惑将显得无足轻重。正如蔡元培先生所说的那样，高尚的兴趣能"陶养吾人的感情，使有高尚纯洁之习惯"。

广泛的兴趣可以开拓人们的眼界，有助于从单一狭窄的思维模式中解放出来，从而激发人们的创造性。钱学森的专业是航空工程，设计飞机。而他对空气动力学却有着浓厚的兴趣，孜孜不倦地研究；同时他与铁道机械工程、薄壳结构理论、工程控制论、物理力学和系统工程学等也结下了不解之缘，精心研究，见解精辟，成果累累；此外，他还爱好文学、学过绘画、练过小提琴，还搞过文艺，成绩都很显著。正是他广泛的兴趣促使他取得了如此辉煌的成就。此外，历史上许多卓越的思想家、革命家、科学家和艺术家都具有非常渊博的知识，这是和他们广博的兴趣分不开的。

知识链接

广泛的兴趣不仅可以调剂生活，而且可以丰富知识、陶冶我们的情操。

5. 注意兴趣培养的集中性

如果一个人仅有广博的兴趣，对所有事物都想涉猎一下，但只是浮光掠影，多而不专，那也是很难获得成就的。因此，你在培养自己广博的兴趣的同时，要有一个中心的兴趣，正如意大利著名画家达·芬奇，他的兴趣涉及光学、解剖学、生物学、绘画等许多方面。但他在这么多兴趣中最主要的兴趣是绘画，因而才会留下诸如《蒙娜丽莎》那样不朽的传世之作。因此，你应该在广阔的兴趣中有一个核心的兴趣，围绕着它去扩展兴趣范围，丰富各方面的知识，才能成为一个一专多能的人，这对你个人的成就是非常重要的。

6. 注意兴趣培养的稳定性

兴趣的持久和稳定在学习和工作中是非常重要的，一个人具有持久稳定的兴趣，对工作和学习才能锲而不舍，从而获得系统的知识，取得良好的工作成绩。反之，喜新厌旧，一种兴趣迅速地为另一种兴趣所代替的人，则难以在事业上取得成就。

7. 注意兴趣培养的效果

有些人的兴趣不能成为他活动的动力，因为他只是心向往之，停留在期望和等待中，可以说没有什么实际效果。而另一些人则不然，一旦他对某事发生兴趣，就主动积极地接近和钻研，力求取得这方面的知识和成果，这样的兴趣才会有较好的效果。兴趣的效果取决于人们对某事物是否感到自觉的需要。有自觉的需要，就会对所从事的工作兴致勃勃、孜孜不倦、全力以赴、深入钻研，不获得结果决不罢休，这样的兴趣才有较好的效果。

8. 兴趣选择的合理性

　　生活中使人们产生兴趣的领域几乎无所不包，但如何选择最适合于自己的兴趣，这对于兴趣的持久性和稳定性有着决定性的意义。具体说来，一旦你觉得某件事可能引起你的兴趣，那你应该首先考虑一下它是否现实。比如你对拳击发生了兴趣，而你的生活环境却根本不可能为你提供必要的条件，那这种兴趣在很大程度上就是不现实的，很难设想它能持久或发展。

　　兴趣的选择最好要依据自己的特点和实际可能。比如你有户外活动的习惯，那你不妨发展徒步旅行的兴趣；假若你生活在大海边，这种环境对于收集贝壳之类的兴趣大概是最有利的了。总之，兴趣就像一个由你选择的朋友，只要选择适当，就会伴你一生。

9. 积极培养工作以外的其他兴趣

也许有人会说,我工作太忙,没有发展兴趣的时间。其实,无论一个人如何忙碌,每天挤出一两个小时总还是可能的。

一位名叫威尔福蒙特·康的织布业巨头,尽管日理万机,却仍旧渴望保持自己的绘画兴趣。为此,他每天清晨5点前起床,一直画到吃早餐,几年来他从不放弃这一爱好。后来他的那些画终于在画展上出现了,其中的几百幅还被人高价购去。他把这笔钱全部变成奖学金。为此他这样说:"捐赠这笔钱算不了什么,只是我收获的一小部分。从画画中我获得了很大的愉快,那才是真正的收获。"

当然,对于工作十分繁忙的人,要挤出一两个小时确实不容易,关键要有决心,有恒心。紧紧抓住这点儿时间,就会使你的生活变得更有情趣。

第四章
培养深刻和稳定的感情

1. 感情冲动比魔鬼更可怕

法庭上，一个青年泪流满面地向法官交待自己的罪行："都是感情用事害了我呀，真后悔平时没注意自我修养……"原来，青年是某政法大学的学生，在一次失恋后与原来女友的新男朋友因一点儿小事发生摩擦，他一时感情冲动，把他给砍死了。结果是显而易见的，这位青年被判处无期徒刑，一生的光阴都将在监狱里度过。一边是光彩夺目的大学生活，一边是痛苦终生的铁窗生涯，一念之差，造成多么沉痛而又无可挽回的后果啊！透过这事，我们难免也会感叹，加强理智的培养是多么地重要。

理智感（rational feeling）是在认识事物的过程中所产生的一种情感体验，它是与人的求知欲、认知兴趣、解决问题的需要的满足与否联系在一起的，是人类特有的一种高级情感。人在认识过程中有新的发现和进展时会产生喜悦自豪的情感，在突然遇到与某种规律相矛盾的事实时会产生疑惑或惊讶的情感，在不能作出判断、犹豫不决时会产生疑虑的情感等，都属于理智感。它在人们

的认知过程中产生和发展，又反过来推动人的认识进一步深化，成为认识世界和改造世界的动力。

理智感强的人，善于利用理智控制感情；理智感弱的人则常常感情用事，成为感情的奴隶，

受感情支配，因而常常做出不适当的事情。在海南省刚设立为经济特区时，不少大学生、硕士生涌向海南，以为在那里可以一展身手，踏上海南岛即意味着能赚到大把的钞票。然而事实却往往未能如他们想象中的那么美好，许多人找不到工作，许多人即使有工作待遇也并不理想。结果只好撤出那块曾被视为发财宝地的岛屿。

2. 如何控制自己的情绪

俗话说：笑一笑，十年少；愁一愁，白了头。欢笑具有使人年少的奇特功能，忧愁则给人带来白头的讨厌后果。可见，情绪对于一个人的身体健康有着多么重要的作用。

据说，清朝的时候有一个太守由于长期心情忧郁，身染重病，遍请医家，但久治无效。后来有人推荐了一位老名医，这位老名医在问明太守的病史后，很有把握地说："治此病不难，我开一个方子，待我走后拆视，保你见效。"老名医把处方折叠好递与太守，辞别而去。太守打开处方一看，只见上面写着"月经不调"四字。太守先是惊而不解，继而不觉大笑起来："什么老名医！十足的老庸医，男性病人，诊断为妇女病，岂不笑掉牙！"以后每每想起此事都要大笑一阵。这样过了一些时日，太守的病情却渐渐地好转起来，康复了。此时老名医又来看望太守。太守觉得此人可笑，一见面又是哈哈大笑。老名医见状，说："好了，好了，你的病是由情绪忧郁而起，单纯服药无用，只有用解脱忧郁情绪的方法去治。"太守这才恍然大悟。

所谓情绪，是人的需要能否得到满足有关的内心体验。当人的需要得到满足时，就产生积极的愉快的情绪体验；反之，则有明显的消极的不愉快的情绪体验。

情绪不好，会引起生理机能的异常；生理机能的异常，又反过来使人产生不舒服的感觉，常常因此而使情绪更为不好。反复如此，就会生病，得了疾病如果仍不能控制自己的情绪，不良情绪与恶劣的病变发生恶性循环，身体就会越来越坏。

既然情绪跟健康和疾病有如此密切的关系，那么我们该怎样控制自己的情绪呢？

一、正确看待人生

人生在世不要只是为了活命，或局限于一己私利，而要为祖国、为人民、为全人类谋幸福，把自己的一切，包括学习、工作、生活，都朝向一个伟大的目标。这样就会觉得事事有意义、处处有乐趣，就会以高昂的情绪去迎接困难。即使得了疾病或伤残，也能用积极的态度去对待。

二、正确对待别人

要认识世界上是好人多坏人少，我们平常所遇到的大多数人都是热情朴实的，人们应当互相尊敬和爱护，我们要热情地对待每一个人，那怕是陌路相逢、素不相识的，甚至是曾经失足而决心悔改的。这样就能够和别人和睦相处、互相帮助、互相关照，建立良好的人与人的关系。这样就能够在家庭、社会中取得安宁、和谐，过快乐和幸福的生活，自己就永远不会感到孤寂。

三、敞开自己的心灵

如果碰上什么不如意的事情，自己首先应实事求是地细加分析，解决不了的，可以求助于别人，特别是求助于组织，也可以求助于书本。坚信天大的事情都可以解决。不要丁点儿大的事情也闷在心里，偏私狭隘，自寻烦恼，多愁善感。要心胸坦荡荡，腹中能撑船。

知识链接

所谓情绪，是人的需要能否得到满足有关的内心体验。当人的需要得到满足时，就产生积极的愉快的情绪体验；反之，则有明显的消极的不愉快的情绪体验。

3. 做自己情绪的主人

喜怒哀乐是人之常情。想让自己生活中不出现一点儿烦心之事几乎是不可能的，关键是如何有效地调整、控制自己的情绪，做生活的主人，做情绪的主人。许多人都懂得要做情绪的主人这个道理，但遇到具体问题就总是知难而退，"控制情绪实在是太难了"。言下之意就是："我是无法控制情绪的。"

别小看这些自我否定的话，这是一种严重的不良情绪的暗示，它真的可以毁灭你的意志，丧失战胜自我的决心。还有的人习惯于抱怨生活，"没有人比我更倒霉了，生活对我太不公平了"。抱怨声中他得到了片刻的安慰和解脱："这个问题怪生活而不怪我。"结果却因小失大，让自己在无形中忽略了主宰生活的职责。

所以，要改变一下身处逆境的态度，用开放性的语气对自己坚定地说："我一定能走出情绪的低谷，现在就让我来试一试！"这样你的自主性就会被启动，沿着它走下去就是一个崭新的天地，你会成为自己情绪的主人。

掌握自我控制的意识是开始驾驭自己情绪的关键一步。曾经有个中学生，不

好气质是这样养成的

会控制自己的情绪，常常和同学争吵。老师批评他没有涵养，他还不服气，甚至和老师争执。老师没有动怒，而是拿出词典逐字逐句解释给他听，并列举了身边大量事例，使他心悦诚服。从此，他有了自我控制的意识，经常提醒自己，主动调整情绪，自觉注意自己的言行。就在这种潜移默化中，他拥有了一个健康而成熟的情绪。

其实，调整控制情绪并没有你想象的那么难，只要掌握一些正确的方法，就可以很好地驾驭自己。在众多调整情绪的方法中，你可以先学一下"情绪转移法"，即暂时避开不良刺激，把注意力、精力和兴趣投入另一项活动中去，以减轻不良情绪对自己的冲击。

可以转移情绪的活动很多，你最好还是根据自己的兴趣爱好以及外界事物对你的吸引力来选择，如各种文体活动、与亲朋好友倾谈、阅读研究、琴棋书画等等。总之，将情绪转移到这些事情上来，尽量避免不良情绪的强烈撞击，减少心理创伤，有利于情绪的及时稳定。

情绪的转移关键是要主动及时，不要让自己在消极情绪中沉溺太久。立刻行动起来，你会发现自己完全可以战胜情绪，也唯有你可以担此重任。

生活中经常听到有人发牢骚，"我烦死了"、"气死我了"、"这个人真讨厌"等等。也可以看到一些人虽一言不发，但心情忧郁、精神恍惚。不用问，他们准是碰上令人气愤或烦恼的事情了。其实，我们每一个人都或多或少遇到过一些挫折。那么，该怎么办呢？你也许早就知道一些方法：找朋友倾诉、打热线电话、听音乐、踢足球、实在不行就找心理医生等等。诚然，上述每一种方法都可以大大减轻你的痛苦。不过，我这里要介绍的是一种认知层面的自我心理调节方法。俗话说，"求人不如求己"。不管别人如何热心地帮助你，而要真正改变还得靠自己。

一般人都能自觉地调整心态，较好地适应社会。但也有少数人由于持有一些不合理的观念，在遇到重大挫折时往往会一蹶不振，严重的甚至不能正常工作学习，给自己和亲戚朋友带来很多麻烦。我们每一个人都应该经常反省自己，特别是受到挫折时，情绪上更应该从积极的方面来考虑。要加强理智对情绪的调控作用。古语云"物极必反"。这就是提醒我们，"乐极"与"气极"、"怒极"都不好，应该时刻注意保持适度的冷静和清醒，在欢乐、顺心时，主动降温；遇苦闷或情绪转入低谷时，要换个积极的想法。事物都有多重性，受许多因素制约，要从有利及好的一面去想，自能摆脱情绪困境。

4. 把喜怒哀乐放在"口袋里"

喜怒哀乐是人的最基本情绪，也是最容易暴露自己弱点的行为。如果喜怒哀乐表达失当，有时还会召来无端的横祸。所以，我们在为人处世的时候，切记要时时克制自己，把喜怒哀乐放在"口袋里"隐藏起来。

明末大将洪承畴兵败被俘。清军将领知道他是一个不可多得的将才，所以给了他很好的礼遇，并多次派人对其进行说服，希望他归顺大清，为清军效力。可洪承畴自视忠诚，视死不降，经过很长时间的劝说，还是没有办法使其更改初衷，渐渐使清军将领对他失去了希望。后来，洪承畴开始绝食，以示忠心。有人提出将他处死算了。这时，清孝庄皇太后提出，要再观察几日。在接下来的时日里，好饭好菜还是每日照送不误。不过孝庄命令送饭的衙役，要注意观察他的一举一动。这天衙役回报说，洪承畴不但不尽颗粒，当他看到牢狱棚顶上的一只蜘蛛后，还叹息不已。孝庄开心地说："他还是不想死啊？"后来果不出所料，在经过一场激烈的思想斗争后，洪承畴终于还是归顺了大清，并为其平定中原立下了汗马功劳。

喜怒哀乐是人的基本情绪，这世界上应该没有这种人——心境一如止水，没有喜怒哀乐！

没有喜怒哀乐，这种人其实蛮可怕的，因为你不知道他对某件事的反应、对某个人的观感，让人面对他时，有不知如何应对的慌乱。

其实，没有喜怒哀乐的人并不存在，他们只是不把喜怒哀乐表现在脸上罢了。而在人性丛林里，这一点是很重要的。所以，要把喜怒哀乐藏在口袋里，别轻易拿出来给别人看。

在人性丛林里，人为了生存，会采取各种方法来结纳力量、分享利益、打击对手。而任何人，只要在社会上做过一段时间的事，便多多少少练就察颜观色的本事，他们会根据你的喜怒哀乐来调整和你相处的方式，并进而利用你的喜怒哀乐来为自己谋取利益。这原无可厚非，本来就是要这样子的嘛！可是"谋取利益"的另一面，有时却是对你的伤害。就算不是伤害，你也在不知不觉中，意志受到了别人的掌控。

一听到别人奉承就面有喜色的人，有心者便会以奉承来向你接近、向他要求，甚至向他进行"软性"的勒索；一听到某类言语，或碰到某种类型的人就发怒的人，有心者便会故意制造这样的言语，指使这种类型的人来激怒你，让你在盛怒之下丧失理性、迷乱智慧、失去风度；一听到某类悲惨的事，或自己遭到什么委屈，就哀感满胸，甚至伤心落泪的人，有心者了解你内心的脆弱面，便会以种种手段来博取你的同情心，或是故意打击你情感的脆弱处，以达到他的目的；一个

第四章
培养深刻和稳定的感情

易因某事就"乐不可支"的人,有心者便可能提供可"乐"之事来迷惑你,以遂行其意图……

说起来,似乎世人没有一个人可靠,而人生也充满痛苦。诚然,连喜怒哀乐都不能自由表达,这种人生没太大意思。不过,若因喜怒哀乐表达失当而招来无妄之祸,那人生不是更没意思?因此,人没有必要做一个喜怒哀乐见不着痕迹的人,但何妨——把喜怒哀乐放在口袋里?

这样子做的目的有:

其一,把喜怒哀乐由情绪中抽离,你便可以理性、冷静地看待它,思索它对你的意义,并进而训练自己对喜怒哀乐的控制,做到该喜则喜、不该喜则绝不喜的地步。

其二,把喜怒哀乐放在口袋里就是不随便表现这些情绪,以免为人窥破弱点,予人以可乘之机。

要这样子做很难,但如果想到人性丛林里的险恶,就不觉得难了。

《三国演义》中有一段曹操煮酒论英雄的故事讲的也是这个道理。

当时刘备落难投靠曹操,曹操很真诚地接待了刘备。刘备住在许都,为防曹操谋害,就在后园种菜,亲自浇灌,以此迷惑曹操放松对自己的注意。一日,曹操约刘备入座饮酒,谈天说地,论起天下谁为当世之英雄。刘备点遍数人,均被曹操一一贬低。曹操提了英雄的标准——胸怀大志,腹有良谋,有包藏宇宙之机、吞吐天地之志。刘备问:"谁人当之?"

曹操说:"只有你与我才是。"

刘备本以韬晦之计栖身许都,被曹操点破是英雄后,竟吓得把筷子也丢落在地上。恰好当时大雨将到,雷声大作。刘备则从容俯身拣起筷子,并说:"哎呀,这一声震雷,吓了我一跳。巧妙地将自己的惶恐掩饰过去,从而也避免了一场劫数，堪称英明之举。

孔子年轻的时候，曾经求教于老子。当时老子曾对他说："良贾深藏若虚，君子盛德，容貌若愚。"意即善于做生意的商人，总是隐藏其宝货，不令人轻易见之；而君子之人，品质高尚，而容貌却显得愚笨。其深意是告诫人们，收敛自己，是对自己最好的保护啊。

喜怒哀乐是人的最基本情绪，也是最容易暴露自己弱点的行为。如果喜怒哀乐表达失当，有时还会招来无端的横祸。所以，我们在为人处事的时候，切记要时时克制自己，把喜怒哀乐放在"口袋里"隐藏起来。

5. 制怒的智慧

在控制情绪方面，以不发怒、不生气为佳。生气，生大一点儿，就成为"愤怒"。这是一时感情冲动的表现。

当面对与自己意愿背道而驰的事情，或听到什么逆耳之言，不能用理智的、正确的态度来冷静对待，不能用合理的方法准确而又恰当地处理，比如：找对方理论，打电话把对方痛骂一通，立即找人申诉，警告胁迫对方，干脆拳头暴力解决，更严重者摔东西、头撞南墙、踢桌子、骂娘、大吼大叫、暴跳如雷等等，这种最粗暴简单的表现就是愤怒。

愤怒，体现的是理性的不健全，越是愚蠢、粗鲁的人越容易发怒。愤怒到极限时，最容易导致理性的丧失，说出本不应该说出的话，做出本不应该做出的事。所以，经常事后向人赔礼道歉的，多是那些没事爱动肝火、大发雷霆的人。你是这种人吗？

第四章
培养深刻和稳定的感情

愤怒和生气是拿别人的错误惩罚自己,伤害的也只能是自己。当一个人愤怒而情绪激动时,整个交感神经系统都运作了,造成瞳孔扩张、心跳加快、呼吸急促、动脉收缩、肾上腺分泌等等,甚至有人气得咬牙切齿、全身发抖……在这种情况下,很容易意气用事,结果害人害己,造成无法弥补的遗憾。

公元219年5月,关羽败走麦城被杀。消息传到蜀国后,刘备捶胸顿足,发誓要为关羽报仇,出兵攻打东吴。蜀中群臣大都加以劝阻,刘备不听。诸葛亮见刘备决心已定,知道劝也无用,便不再说什么了。

一年多以后,也就是221年春夏之交,刘备亲自率领大军,出巫峡,沿长江水陆并进,直扑东吴。孙权见刘备来势凶猛,派人向刘备求和。刘备不许。孙权见求和已无希望,就任命陆逊为都督,率领将军朱然、潘璋等共5万人马,抵御蜀军。

双方相持了六七个月,蜀军始终找不到机会跟吴军交战。时间一久,蜀军斗志逐渐涣散,刘备本人也放松了警惕。222年闰6月,陆逊见蜀军懈怠,便命令吴军火烧蜀营,发动猛攻,连破蜀军40余营,杀得蜀军大败而逃。刘备最后一病不起,白帝城托孤。

刘备作为三国中的主角之一,曾被评为"喜怒无形于色",足见其克制情绪的能力。曹操与他共论天下英雄时,他以惊雷掩饰自己的心志,说明他是一个聪明绝顶的人。但是,这样一个聪明的人,却在晚年犯了这样致命的错误。由此看来,聪明人发怒的后果,比普通人更危险一些。

很多时候,聪明人比庸人更懂得避免祸事;但在生气发怒这件事上,聪明人吃的亏比庸人更大。

你常生气吗?如果生气是你的常客,建议你找出自己的"情绪温度计",彻底赶走怒气。

以下是许多专家关于改变生气状态的建议:

①首先要闭上嘴,因为盛怒时的舌头像把利剑,容易刺伤人。

好气质是这样养成的

②接着深呼吸,强迫心跳、血压回复正常状态。

③或者离开现场找个安全的环境,动动身体、打球或做体操。

④盛怒时,跑去照镜子,看见自己怒气中的样子觉得很滑稽,忍不住笑出声来。

⑤建议使用"情绪温度计"。平时养成记录情绪的习惯,每天分几个时段记录,并写下动怒的原因。这种训练主要用于自我察觉,检测怒气。当发现情绪温度太高时,就赶紧作准备,警告自己冷静。

⑥除了察觉情绪、找出自己的情绪温度计之外,学习从大架构看人生的挫折,才能真正不起怒气。

一个不会愤怒的人是庸人,一个只会愤怒的人是蠢人,一个能够控制自己情绪、做到尽量不发怒的人是聪明人。聪明人的聪明之处,是善于运用理智,将情绪引入正确的表现渠道,使自己按理智的原则控制情绪,用理智驾驭情绪。只要我们肯下工夫学会制怒的正确方法,他人肯定会对我们的道德、修养以及理智、大度出自内心的佩服。那时,我们自会达到"风平而后浪静,浪静而后水清,水清而后游鱼可数"的新境界。

制怒的智慧,来自于冷静。冷静提供了思考的空间,头脑一发热,思考的空间就少了,也就容易失去理智,意气用事,无端动怒,结果将人际关系带往不可追悔的地步。

在怒火中烧时,"逆向性思维"有助于我们冷静下来。一定要回头想想自己为什么与人发生冲突,是不是自己太冲动?这样,头脑就会较为冷静、较为理智,看问题就会比较乐观,从而避免做出过激的举动和后悔莫及的蠢事。

在怒气已经产生时,要更加注意控制

74

第四章
培养深刻和稳定的感情

自己的行为，防止因对行为的失控而导致新的致怒因素。在制怒过程中，要把怒气的自控和旁人的助控结合起来，乐于接受别人的劝告，这时你再学习一些制怒的技巧，比如转移、释放、躲避使你发怒的刺激，就可以轻松达到制怒的目的了。

产生怒气时，此时如果能保持高姿态，心胸开阔，自我安慰，来点儿"宰相肚里能撑船"的精神，使大脑盲目的冲动冷却下来，就可以逐渐消除怒气。同时，还可以把全部精力重新投入工作和学习中去。

当然，要想做到遇事不怒，还要从平时加强道德修养、培养良好性格、保持乐观向上的精神等方面做起。

首先，克制冲动，培养冷静处理问题的习惯，也是获得好情绪的重要条件。

希吉尔先生是一家大型超级市场的老板，他每天都会去巡视他的商场。一个月前，希吉尔先生因为突发心脏病而被送进医院接受治疗。由于泰得医生与希吉尔先生交往时间很长，知道希吉尔先生是个易激动脾气暴躁的男人。便劝告他说："如果您还想每天起床后再看见自己的亲人和您的商店的话，您就必须在您发脾气前做深呼吸，再想出一个能解除生气的办法。如果您不这么办的话，我只能为您开始物色一位好牧师了。因为您的病只有您自己和上帝能帮助您了。"

当希吉尔先生出院后的第一天他就一大早来到他的商场，他有好几个星期没看见他的商店和员工了。而他更希望看见商场里有川流不息的人群。他走到一个货区发现有位女士想买鞋子等了很久没有人招呼她。而他的店员们也不在工作岗位上。他发现他们并不是因为忙碌而不能分身，而是簇拥在一起聊天。他的心跳开始加速，呼吸也不均匀。他想起了泰得医生的话，他迈着缓慢的步子走到那位女士面前，蹲下身子为她试穿她想要的鞋，然后交给服务员去包装后便离开了那里。当他做完这些后他觉得也没什么可太值得生气的了。他到了50岁才第一次发现，原来解决问题的办法不是要生气后才能找到。

其次，懂得珍惜感情的重要性，会使我们自觉地克制怒气。

小兰和丁梅是一对形影不离的好朋友。她们几乎每天都会煲上半个小时的

好气质 是这样养成的

电话粥，一有时间还一起去逛街、看电影、溜冰、跳舞。可是这一切自从小兰交了男朋友以后似乎就变了。其实丁梅也理解小兰的生活变化，即使小兰有时答应和她一起出去却中途变卦，丁梅也并不以为然，毕竟自己已经不是她的生活重心了。

可是，小兰一再不顾丁梅的感受，三番五次毫无诚意地许诺给丁梅各种各样的约会，最后却没有一次守约，事后还怪罪丁梅，说她不给自己一点儿私人空间。丁梅当时非常愤怒，因为那些承诺并不是丁梅自己要求的，而是小兰主动提出的，那很可能是她在和男友吵架之后的一种宣泄。而一旦男友道歉，小兰又撇下丁梅，欢欢喜喜地去和男友约会。丁梅觉得自己被她利用了。她很想发火，但冷静下来之后，她又觉得和小兰的友谊异常珍贵，发火只能导致裂痕。最后丁梅开诚布公地和小兰做了交谈，小兰向她道了歉，她们又和好如初了。

再次，要尽可能避免"地雷"，避开那些容易使你愤怒的人和事，以减少冲突的发生。

人的一生谁都难免要遇上难堪的误解，遭到他人不公正的批评甚至辱骂。不论是卑鄙的、恶毒的、残酷的，你千万不要让对方一句不公正的批评或难听的辱骂，而变得像对方一样失去理智。获胜的唯一战术，就是保持沉默，不和别人发生正面冲突，就连多余的解释也没有必要。因为在这种情况下，相互争吵辱骂，既不会给任何一方带来快乐，也不会给任何一方带来胜利，只会带来更大的烦恼、更大的怨恨、更大的伤害。退一步讲，在对骂中没有占上风的一方，当众出丑，带来的只是对自己鲁莽行为的悔恨。占了上风的一方，虽然把对方骂得体无完肤，又能怎么样？只能加深对立情绪，加深对方的怨恨。

怒气是不可以长期积压的。在心理治疗过程中，凡是病人能够得到较好精神宣泄时，病情都会有明显的好转。所以，心理医生提示，只有把心中积郁的怒气"净化"后，才会收到较好的疗效。

美国情绪管理专家帕德斯指导我们合理宣泄怒气应遵循以下7个步骤：

①认清怒意。

②找出生气的对象。

③站在"肇事者"的立场想，为他寻找合理的理由；告诉自己"那个找我麻烦的家伙搞不好遇上了什么烦恼，日子不好过"。

④数到10或以别种方法放松精神。大部分心理专家都认为，报复心态的发怒，一点儿好处都没有。

⑤以不攻击的方式，将不满表达出来，与其说"你错了，你简直离谱"，不如说"我觉得受伤，你的所作所为没有考虑我的需要"。

⑥倾听。很难，但这是解决问题的关键。

⑦宽恕。借着宽恕，会让你深深觉得，爱才是人际关系的主宰。

清朝光绪年间流行一首歌曲："他人气我我不气，我本无心他来气。倘若生气中他计，气出病来无人替。请来大夫将病医，他说气病治非易。气之为害太可惧，不气不气真不气。"这首歌，文字通俗易懂，寓意深刻。其中虽然有消极的一面，但仍不失为有益的养身之道。尤其对那些遇事一碰就跳、一说就叫的人，可算是一剂良方。

6. 克服消极情绪的方法

现代心理学家将人的基本情绪归纳为五类：愤怒、内疚、嫌恶、恐惧、快乐。除快乐之外，其他情绪都应该归入消极情绪之列。下面我们将具体介绍每一种消极情绪及其克服方法。

①内疚。当你被内疚的情绪所困扰时，你会常常沉缅于往事之中，为过去你

好气质是这样养成的

在某事上的所作所为而自悔自怨。许多人在生活中不同程度地受到内疚情绪的影响，从而引起精神抑郁。

应该如何控制你的内疚情绪呢？其实很简单，只要你记住一点：事情已经发生了，再后悔也无法挽回了，不论你怎样内疚也不会有任何改变。基于这样的认识，你就可将内疚与吸取教训区分开来。

APA心理学家戴埃举过这样一个例子：一位中年男子与另一位女子保持婚外关系，并为此而感到内疚。但他仍然经常瞒着妻子和情人幽会。于是戴埃向他指出，他的内疚情绪没有任何意义，它既不能改变他的婚姻生活，又会影响他与情人幽会时的乐趣。他实际上面临着两种选择：要么长期为内疚情绪所困扰，要么就认真审视自己的婚姻生活并设法改变这种情况。

控制内疚情绪的有效措施是问问自己：通过对往事的内疚悔恨，今后要避免什么。只要设法了解你所要避免的问题，你就有可能消除自己的内疚情绪。因此，喜欢为往事内疚的人应该记住，要想使你的生活充实快乐，就要消灭头脑中的"内疚区域"。

②嫌恶。生活中凡是与真、善、美相对立的东西，都容易引起人们的嫌恶情绪。但生活往往并不如此泾渭分明，有的嫌恶情绪是由某种挫折感引起的。挫折是当个体的愿望与现实冲突时发生的，它常常会导致人的心理失调。

比如你的一位朋友在你的心目中一直是个品质高尚的人，但有一次你却突然发现他乘车时不买票，而你对这种逃票行为又非常嫌恶。

这时，你对你朋友的感情就产生了挫折感，从而对他的整个认识也就失调了。对此，一位专家提出了一个认识平衡的三角模型：由于你对朋友原来是肯定的，朋友的逃票行为亦是肯定的，而你嫌恶逃票行为，因此三角形三边上的乘积为负号，于是你的认识失调。为此可以有三种解决办法：首先，你改变对朋友的态度；其次，你改变对逃票行为的看法；最后，你的朋友不再逃票。然而，在现实生活中我们要去改变一个人是很难的，而类似的情况又经常出现，所以我们只好改变自己，只有不断地调整自己用来对比的参照体系，才能减少由于挫折感而引起的嫌恶情绪，从而保持良好的心境。

③恐惧。恐惧情绪发生的根源大多是由于人们怕受伤害或有所丧失的心理状态。它的生理表现为在外在刺激物的作用下，心跳加速、体温下降等。这种情绪往往会造成心理紧张紊乱和窘迫等。

要控制并克服恐惧情绪，首先要确定你害怕的是什么？想想有什么能帮你防止损失，或者帮你准备应变。对付恐惧的最好办法就是面对现实，保持一种进取的态度。

罗素曾说过一种用自身来缓和恐惧情绪的技巧，只要你坚持面对最坏的可能性，并怀着真诚的信心对自己说："不管怎么样，这没有太大的关系。"这样，你的恐惧情绪就会减到最低限度。

7. 让乐观成为一种习惯

在2000多年前，所罗门就曾说过："快乐的心犹如一剂良药，破碎的心却吸干骨髓。"西方也流传着"一个小丑进城，胜过一打医生"的谚语。因此，人

好气质是这样养成的

们常把"祝你快乐"作为一种美好的祝愿送给亲朋好友。拥有快乐生活也是每个人内心最真诚的期盼，人们也想方设法费尽心思去追求快乐、营造快乐。可是，许多人却找不到快乐的踪影。快乐在哪里呢？

在悲观者的眼里，快乐是有条件、有砝码的，这个条件和砝码就是金钱、权力、地位及其他的外在因素。悲观者常想当然地认为，只要自己能拥有这些东西，快乐就会不请自来。诚然，快乐不可没有物质基础。然而，人心不足蛇吞象，往往一个愿望刚刚得以实现，还没来得及乐呵乐呵，另一个欲望又会浮现出来，层层进进无止境。他们也就陷入一个又一个烦恼，始终没有快乐的理由。

事实上，快乐不受金钱权势的左右，也不被他人控制，不快乐往往是人自寻烦恼。快乐不快乐仅仅是一种生活态度、生活习惯。乐观的人不论在什么地方，身处何种困境，他都会生活得很快乐。因为快乐的人有个习惯，那就是用乐观的眼光去看待发生的一切。

文学大师钱钟书《论快乐》一文中说过这样一段话："洗一个澡，看一朵花，吃一顿饭，假使你觉得快乐，并非因为澡洗得干净、花开得好看、菜合你的口味，而是因为你的心里没有障碍，轻松的灵魂可以专注肉体的感觉来欣赏、来审定。要是你精神不痛快，像将离别时的筵席，随它怎样烹调地好，吃起来只是泥土的滋味。快乐纯粹是内在的，它不是由于客体、而是由于人们的思想观念和态度而产生的。"

面对同样的情境，乐观者会看到生活中积极的一面，因而感到愉快开心；悲观者则只会看到生活中消极的一面，因而感到伤心难过。所以，要想得到快乐，我们必须要培养一种乐观的生活习惯，要做生活的主人，不要做它的奴隶，不要让外在环境和他人来决定和控制自己的喜怒哀乐。据心理学家研究发现，人类的表现、感觉和反应有95%是习惯性的。

同样，我们的态度、情感和反应也是在潜移默化中学来的，人们对一些小事的烦恼和不满的反应，往往都是出于一种习惯性的心理反应。这种习惯性不愉快在很大程度上是由于人们对客观事实的消极认识形成的。例如：无意中一次工作

第四章
培养深刻和稳定的感情

上的失误,同事漫不经心的一句话,甚至上班路上一场突如其来的大雨,都会让悲观者感到郁闷、痛苦、不满,因为他们常会消极地看待所发生的客观事实。工作上的失误他会认为是自己能力上的缺陷,同事的闲话是因为他们故意和自己过不去,突如其来的大雨是上天和自己作对。相反,在乐观者看来,工作上的失误只不过是由于自己的粗心或其他客观原因造成的,并不能说明自己能力的低下,不应该抱怨自己;同事的闲言碎语可能是说者无心,没必要过多计较;突如其来的一场大雨正好可以清洁空气,缓解一下自己紧张的心理。因此,乐观者的心情不会受到任何影响。

由此可见,一个人心情的好坏是可以通过练习来调整的。萧伯纳说过:"如果我们觉得不幸,可能会永远不幸。但是我们可以凭借动脑筋和下决心来利用大部分的时间想一些愉快的事,应付日常生活中使我们不痛快的琐碎小事和环境,从而使我们得到快乐。"所以,要想让快乐与自己相伴,首先要学会调整自己头脑中一些消极的思维方式,用积极的乐观的态度看待身边发生的一切,对生活环境中的一切多欣赏、少抱怨,用宽容平和的心态对待生活。这样,烦恼、忧伤和不满就会烟消云散。当然,这种思维模式的转变是有一定的难度的,它必须以坚强的意志作后盾。

其次,生命中有快乐也有悲伤,这就是完整的人生。如果我们仅仅把忧伤保持在记忆里,人就会活得很累很苦。所以,我们不妨学学艾乐默·盖茨教授的做法,学习"唤醒愉悦观念和记忆",每天像练习哑铃一样有规律地回忆生活中那些偶然的快乐和美好的时光。当遇到挫折和不如意时,我们可以唤醒内心一些美好的东西,以此来化解自己的愤怒、伤心和不快。把这当成一种心理运动长期坚持下去，人的内心必然会产生惊人的变化。

另外，美国著名的心理学家威廉·詹姆斯认为，人的心情的好坏，有时可凭借外部的行动来得以改变。如果你感到不快乐，唯一能找到快乐的方法就是振奋精神，使行动和言辞好像已经感觉到快乐的样子。心理学家詹姆斯兰格也说过这样一句话："因为哭，因为掉眼泪，所以伤心；因为笑，因为嘴巴翘，所以开心。"

经过观察，你也会发现，快乐的人常常笑容满面、精神焕发、富有活力，悲观的人常常愁容满面、抑郁沮丧。所以，培养快乐的习惯还有一个最简单的办法，那就是每天多练习微笑几次，尽量使自己看起来精神些，多说些使自己感到开心的话，多做些使自己感到开心的事，以此来驱散烦恼和不快。

此外，人们之所以不快乐，还有一个很重要的原因，那就是大多数人对真实的自我看不清楚，常常过高地估计和评定自我，认为自己"应当是"或与"必须是"什么样的人。一旦自己设定的理想无法实现，人们的内心就会被挫败，从而陷入痛苦之中。所以，如若期望快乐生活，人们还应该学会正确看待自我，适当调整对自己的要求，以此缓解内心的矛盾和冲突。

不快乐的态度不仅会伤害自己，也会伤害别人，而且长期不快乐的人更加让人瞧不起，不愿与之接近；不快乐的态度还会使不利的处境更加不利。所以，无论从哪个方面看，我们都应学会快乐，让快乐与自己长伴。

知识链接

洗一个澡，看一朵花，吃一顿饭，假使你觉得快乐，并非因为澡洗得干净、花开得好看、菜合你的口味，而是因为你的心里没有障碍，轻松的灵魂可以专注肉体的感觉来欣赏、来审定。要是你精神不痛快，像将离别时的筵席，随它怎样烹调地好，吃起来只是泥土的滋味。快乐纯粹是内在的，它不是由于客体，而是由于人们的思想观念和态度而产生的。

第五章
完善自己的仪表风度

好气质是这样养成的

1. 仪表体现一个人的内在境界

英国首相撒切尔夫人最初担任保守党领袖时，里斯曾是她的公共关系顾问。里斯对撒切尔夫人进行充分研究之后，建议她改掉尖嗓音，保持稳重的拖腔和适中的音调，从容沉着、不亢不卑、温文尔雅。甚至什么场合下采用什么样的发式，也由里斯设计，所以有记者称其为"撒切尔夫人的塑造师"。可以说，里斯的仪表设计为女首相"拉"了不少选票。

据说美国著名总统林肯也曾经因为接受一个小女孩儿提出的关于修饰他仪表的建议而获得了不少选票。林肯曾经是个不修边幅的人，他本身瘦削的脸庞再配上一幅如刺猬耸立般的络腮胡的确不够美观。在一次大选前，一个小女孩儿告诉她："如果你经常保持脸上不留胡须，我可以帮你拉不少选票。"林肯虽然不相信一个小女孩儿能给他的选举帮什么忙，但他感觉小女孩儿的话是对的。因此从那天起一直到正式选举那天他都保持脸上不留任何胡茬子。结果他在那次大选中获胜。虽然我们不能把他的获胜完全归结于他修了边幅，但可以肯定地说，他因为注重了自己的仪表而给自己争取到了一定的选票。

仪表主要是指一个人的服饰、举止、表情、谈吐等外在直观的东西，它能够体现出一个人的内在气质和修养程度。仪表和气质与修养程度是相互依赖、紧密相关的。因此，仪表的设计是一个人内在境界外化的一个重要媒介。

一个人的仪表不仅能影响别人对他的看法，同时也会对自己的心理产生作用。一位担任大学校长的心理学家，曾以"衣服对你们产生什么影响"为题向学生们发出问卷。几乎所有的人都表示，当他们穿戴整齐、洁净时，他们清楚地感到服

第五章 完善自己的仪表风度

装对他们的影响。这种影响很难说清，但确实存在。他们发现，外表显得成功时，他们的自信心和自尊感会大大增强，办事情也比较容易成功。可见一个人的仪表对他的生活、事业有着不可低估的影响。

一个心理发展健全的人不会不希望自己有完美的仪表，也不可能不追求大方得体的举止和富有教养的谈吐。然而，由于对仪表美的错误理解，常常导致我们努力的落空。

误解之一是把外貌长相看作仪表的决定因素。相貌的确是仪表的一部分，但决不是决定因素，更不是全部。现代心理学的研究结果表明，人的外貌与内在气质没有任何关联。中国有句俗话："人不可貌相，海水不可斗量。"以貌取人，常常犯一些不可饶恕的错误。例如唐代的钟馗，因为其相貌之故，皇帝取消了他的进士资格，不仅使唐朝少了一员得力大臣，而且也害了钟馗一条命。因此，当朝皇帝事后后悔不已。而"金玉其外，败絮其中"的现象却屡见不鲜。在现实生活中你仔细观察，不难发现一些貌比潘安的美少年，然而当你听到他"出口成脏"的时候，难道你还会觉得他美吗？人的长相是天生的，从某种程度上说是不可能改变的，然而人们可以通过后天的努力去改造和弥补。相传有一个雕刻师，在雕刻大量的相貌凶神恶煞的妖魔鬼怪后，自己的相貌也变得凶神恶煞起来，甚至连性格也变得十分粗暴蛮横。这位雕刻师非常苦恼和迷惘，就去向当地一位有名的禅师请教。这位名寺的主持似乎也没帮什么忙，只是请雕刻师为寺院雕刻一百尊菩萨像，而且要求相貌各异。当雕刻师做完一半工程时，他就发觉自己的性情大为改观，面貌也变得慈善安详起来。至此，雕刻师才明白禅师的苦心。可见，一个人的内心活动和模仿能改造一个人的面貌，你心里想的是凶神

恶煞的面孔，你自己也会不由自主地跟着模仿。久而久之，你的面貌也将变得狰狞恐怖，反之则变得慈祥柔顺。

除了要有效地调节你的心理、使之保持慈善的心境外，还有两种办法可以使你光彩动人、富有吸引力。

一是微笑。微笑是友善的信号，发自内心的微笑会给自己和别人带来愉快，更会使你的脸富有动人的光泽。

也许你有过这样的经验：当你到百货公司买东西时，如果一到柜台边就发现营业员给你一个善意的微笑，然后很热心地给你介绍你所想要的东西，也许该东西还有些让你不满意的地方，但就冲着营业员一脸灿烂的笑容，你也会毫不犹豫地买下。而相反，如果你一到柜台就发现营业员爱理不理的，招呼老半天才从货架上取出你想要的东西，然后闷声不响地把它扔在柜台上，也许这时你会看都不看东西一眼就走，不管那件东西有多么完美，也不管你有多么需要它。如果碰上素质不高的顾客也许还要故意刁难一下营业员，给她制造点儿麻烦才罢休。因此，纽约的一个百货公司经理说，他宁愿雇佣一名有可爱笑容而没有念完中学的女孩儿，也不雇一个摆着"扑克面孔"的哲学博士。正像有人形容的那样，笑容能照亮所有看到它的人，像穿过乌云的太阳，带给人们温暖。因此，如果想获得别人的喜欢，请别忘了脸上随时挂着友好的微笑。

二是独特而丰满的个性。研究表明，事业成功的各种因素中，个性的重要性远胜过优秀的智力。这条定律同样适用于人的面孔。有一个时期，中国银幕上的男士几乎都被人们戏称为"奶油小生"。说他们长相不好显然是不合情理的，但人们为什么感到反感呢？原来，正是因为在几乎所有的影片中，不论什么角色都有一张同类型的脸，千人一面，毫无个性美感可言，从而引发了观众的厌腻心理。而丰富的个性特征能使一个人的脸孔富有生气和吸引力，这就是为什么高仓健并不漂亮的脸孔却能使人过目难忘，并且吸引了众多崇拜者的原因。

前面我们已经谈过对于仪表美的第一个误解，即把外貌长相看作是仪表的决定因素，现在让我们再来谈谈对于仪表美的第二个误解：即是把服装看作仪表的全部，认为只要是高档豪华的服装就意味着雍容华贵的气质，就意味着权高位显或意味着财大气粗。而服饰简单朴素则意味着地位卑贱、修养不够、素质不高。其实不然。美国历史上的著名律师维特门曾是哈佛大学毕业的高材生，后来当选为州议员。一天，他穿着乡下人的服装，从农庄来到波士顿。在一家旅馆的客厅里。他听到一群所谓的绅士淑女在他身后窃窃而语："让我们来逗逗这个地道的乡巴佬。"随后这群人围住他，提出各种怪问题嘲弄他。维特门站起来彬彬有礼地问好后说："在这前进的时代里，难道你们不可以变得更有教养、更聪明些吗？你们只从衣着看我就不免看错人了；而我呢，因为同样的原因，还以为你们是绅士淑女。其实，我们都错了。"这时，有人走进来尊称维特门先生，维特门对那群呆若木鸡的人们说："再见了，祝你们晚安。"谁的举止谈吐更有教养呢？穿着乡下人服装的维特门还是衣着入时高雅的那一群"绅士淑女"？答案显然是不言而喻的。

当然，我们不能否认服饰是仪表的重要一环。但是，服装的美与不美，绝不是仅以是否高贵豪华、新潮入时为标准的。服装的美俗与否，首先应该看它是否与穿着的人及其周围的环境和气氛相和谐。在长达20多集的日本电视剧《血疑》中，剧中的男主人公光夫没有穿过一套西装。因为光夫是个活泼开朗、喜好运动的大学生，出现的场合又多是野外、课堂，如果西装革履，反而不相称不自然，而大方新颖的毛衣、夹克衫则充分衬托出他的性格和风度。"光夫衫"曾经风靡一时，就表明了人们对此的认同和追求。此外，我们还要看他的穿着是否干净整洁。我们不能想

象,一个穿着从头到脚都是名牌的人,却浑身散发出令人恶心的气味,衬衣领一边卷在脖子里,袖子上沾满油腻,袜子套着裤脚,在西服或西裤的某些地方零星地散布着几个抽烟时不慎烧坏的洞,鞋带松散,鞋面面目全非,而人们却认为他有气质。

相貌和服饰只是仪表的一个部分,要完善仪表还必须遵循一些基本的礼节。诸如对弱小者的体谅照顾和对长辈的关心尊重,在集会上作适当的介绍以便于人们互相认识、对女士的美貌、对长辈的功德、对小孩儿的乖巧作一些礼节性的赞美等等。无论什么人,如果他出言不逊、举止非礼,只能说明他的粗鄙和缺少教养。

美国第三任总统杰佛逊曾和他的孙子一起外出。路上,有一个奴隶向他们脱帽鞠躬,总统也揭帽还礼。但他的孙子却没有任何反应。"汤姆生!"总统怒斥道,"你怎么能够让一个奴隶都比你文明得多呢?"

的确,这位奴隶所拥有的举止教养使他在精神上比那位总统之孙富有得多。

为了完善你的仪表风度,使你的言谈举止、衣饰表情变得更加大方得体、富有修养,请你坚持做到,不论对什么身分的人,始终彬彬有礼;经常保持善意的微笑,即使当你面对素不相识的陌生人的时候也一样;对别人的礼节性的赞美能及时地、恰到好处地说声"谢谢";当你因为要参加某项重大活动而需要在重要场合露面的时候,你一定得挑件合适得体的衣服,千万不要只注意其价格是否昂贵,是否珠光宝气;无论在什么场合,要多关心和体贴别人,不要只是滔滔不绝地大谈自己。

> **知识链接**
>
> 仪表主要是指一个人的服饰、举止、表情、谈吐等外在直观的东西,它能够体现出一个人的内在气质和修养程度。仪表和气质与修养程度是相互依赖、紧密相关的。

2. 微笑——最好的名片

　　知道微笑的作用有多大吗？人是精神和肉体的统一体。身心之间有明显的相互作用。一个人情绪的好坏直接影响他的工作、生活和身体健康。从医学上来看，笑是心理和生理健康的反映，是精神愉快的表现。笑能消除神经和精神的紧张，使大脑皮层得到休息，使肌肉放松。特别是在一天紧张劳动之后或工间休息时，说个笑话、听段相声，大脑皮层出现愉快的兴奋状，有利于消除疲劳、增进健康。特别是遇到让你痛苦不已或者百般无奈的事情时，让你的面部表情保持这样：微笑、大笑、大声地傻笑！就这样保持两分钟。这样做有助于让你摆脱那些痛苦和烦闷，引发和控制你的快乐想法，使你情绪高涨，感觉会好很多。

　　笑还是一种特殊的健身运动。人一笑便引起面部的眼、口周围的表情肌和胸腹部肌肉运动。捧腹大笑时连四肢的肌肉也一起运动，从而加快了血液循环，促进全身新陈代谢，提高抗病的能力。

　　笑对呼吸系统有良好的促进作用。随着朗朗笑声，胸脯起伏，肺叶扩张，呼吸肌肉也跟着活动，好比一套欢笑呼吸操。

　　笑是一种最有效的消化剂，愉快的心情能增加消化液的分泌。欢声笑语可促进消化道的活动，使人食欲大增。

　　笑还具有祛病保健、抗老延年的作用。笑一笑，十年少。近年来对长寿老人的调查说明，性情温和、乐观开朗是他们共同的养生大法。因此，只有"笑口常开"才能"青春常在"，让我们尽情地欢笑吧。

　　卡耐基说过，笑是人类的特权。微笑是最好的名片，笑能拆除你与别人之间

好气质是这样养成的

无形的篱笆，让彼此都敞开心扉；笑可以消除双方的戒心与不安，以打开僵局。真正值钱的是不花一文钱的微笑。

也许工作忙碌，让我们为了事业上的烦心事儿笑不出来；也许生活无趣，让我们为了鸡毛蒜皮的烦恼而不肯微笑。不管怎样，首先给自己一个微笑，给自己一个愉悦的心情；给家人一个微笑，将快乐传递给家人；给朋友一个微笑，让生活变得更美好。当你微笑时，世界便爱上了你。

知识链接

卡耐基说过，笑是人类的特权。微笑是最好的名片，笑能拆除你与别人之间无形的篱笆，让彼此都敞开心扉；笑可以消除双方的戒心与不安，以打开僵局。

3. 善于运用身态语

一家石油公司的人事部主任接受了一项任务。要他迅速物色一批自信、果断的人，为的是要在一个外商投资项目方面发挥重要作用。上级要求他找出一种比通常审阅履历等做法更快捷、更准确的方法。这位主任考虑了许久，终于找到了一种方法：他在进行面试时，将目光久久注视着应征者。许多人在这位主考官目光的凝视下变得坐立不安，总想设法避开；而有少数的应征者却敢于坦然地和他对视，毫无局促不安之感。于是他就从后者之中选聘人员。事实表明，这些人在工作中都是敢作敢为、坚定自信的。

人类除了有声语言之外，还有一种"无声语言"，如聋哑人使用的手势语、不同语言种类的人交谈时的手势语等等。有关专家将其称之为"身势语"或"体

第五章
完善自己的仪表风度

态语"。身势语就是运用身体的各个部分的活动来传递某种信息的方法，它和有声语言的显著区别就是常常会在不自觉中表现出人的内心世界，如哑剧人员的表演。中国著名小品、哑剧表演大师曾子虚一生所演的哑剧不计其数，而在这些戏剧表演中，我们常常可以看出各种人的不同性格，甚至于剧中人物的心里活动也可以一览无遗，因而曾子虚的哑剧深得广大观众的喜爱。因此，身势语的重要作用我们是不能忽视的。

人们日常生活中的举手投足、一颦一笑，都是身势语的一部分，其中所包含的内容是十分丰富的。譬如脸部的动作，据美国心理学家保尔·埃克曼（aur Aikman）的研究，它的表情可分为最基本的六种：惊奇、愤怒、蔑视、高兴、悲伤和害怕。他发现无论生活于哪个地方的人，这六种表情所表达出的内容都是一样的。这就表明，人与人之间是可以用身势语来沟通的，实践也证明了这一点，例如前面所讲的聋哑人的手势语、不同语种人进行交流的手势语等。

人们的身势语不仅比较真实地反映了人的潜意识状态，而且更是以直观的形式表现出一个人的气质修养、精神面貌等。许多身势语往往是无意识地表现出来的。而有些身势语则是人们可以自觉地加以把握的。因此，如果我们能够有意识地并恰如其分地在一些场合运用身势语，往往能够收到出乎意料的理想效果。

首先，注意自己的身势语有利于完善自己的形象，能较直观地体现出自己的气质。比如，当你和朋友交谈时，如果一些小动作表现得不恰当，则有可能不同程度地伤害对方的自尊心。如当别人讲话时你的头部随意转动、不断打哈欠、看手表或晃动身体等等。所有这些小动作在一定的场合中都可能引起对方的误解，甚至会引起对方的不良反应，而对于你的良好气质也将造成极大的损害，这当然就有百害而无一利了。

好气质是这样养成的

因此，无论我们在什么样的场合中，都要随时注意自己的身势语，有时要对一些小动作、表情等进行有意识的控制。因而这就要涉及所谓"掩饰"的作用了。

应该说，掩饰这种现象在生活中是普遍存在的，也许有人会认为那是虚伪、做作的表现。但其实它本质上说是人的一种本能，只是掩饰既可以是积极的，也可以是消极的，关键在于如何利用它。同时，随着你自身修养气质的提高，有些有意识的掩饰动作就会变成无意识的自觉行动。从这个意义上来说，掩饰是气质美化的一种必不可少的手段。

有这样一个关于掩饰的积极作用的例子：富兰克林在当一家大公司总裁的时候，有爱脱鞋的习惯，不论在什么场合，只要往椅子或沙发上一躺，他就不由自主地将鞋子蹬掉。富兰克林入主白宫后，他的智囊劝他一定要改掉这个坏毛病，因而建议他买带式鞋以代替原来脱下比较方便的便式皮鞋。经过这样有意识的掩饰，在富兰克林任职其间，从来没有因为这个坏习惯而在他出国访问时出洋相。

生活中类似的事很多，比方说，当你遇到难以相处的邻居或同事时，也许会对其颔首微笑；遇到不愉快的事情时，你会有意识地控制住一些可能引起失态的动作，等等。难道能因为这样做就说明你虚伪矫饰吗？恰恰相反。这正是一个人有力量、有涵养的明智之举。也正是因为有这样适度的掩饰，才使整个社会中的人们在一定的关系中能愉快和睦地相处。如果不这样，也许这个世界早就乱成一锅粥了。

其次，我们还可以利用身势语的反馈作用。身势语不仅能反映人的内在气质，而且还可以反作用于人。比如在走路时昂首挺胸、步调沉稳，与人握手时坚定有力等，必然也会使自己感觉到对自己的力量充满自信；相反，如果一个人习惯于弯腰弓背、疲软无力，那么他的内心不用说常常是感到萎靡不振了

一个人的身势语改变了，必然会对内心产生某种影响，这种反馈作用已经被许多专家所证实。有位专家还运用了目光对视的方法来治疗一些情绪低落的病人。他让病人有意识地和陌生人进行目光接触，久而久之，许多人在这种练习中发现

了自己的力量，从而开始从消极的情绪中摆脱出来。

这样的情形在生活中并不鲜见，如人们在求职或某个公开场合发表演讲，总是尽力地挺直胸部和体现自己的举止平稳从容，目光稳重地盯着观众席，恰当地摆好站立的姿势和双手的位置，这样不仅可以给别人留下良好的印象，更重要的是可以增强自己的信心。狮城舌战中力挫对手的刘玲这样说："当我的目光和对手接触的时候，我总是力图从目光对接中镇服对方，事实上它生效了，我们之所以能取得辩论的胜利，首先在气势上我们就已经胜了。"因而，学会在各种情况下正确地运用身势语的反馈作用，往往可以给我们所进行的事情带来极大的帮助。

最后，由于身势语是一种可以相互沟通的"无声语言"，因而如果你留心观察别人的身势语，不仅可以比较准确地察觉别人的内心世界，也可以懂得对方此时其实是在向你暗示着什么，从而帮助你作出恰当的反应。

譬如，当你正侃侃而谈时，发现对方开始做一些似乎是无意识的小动作，如搔头、摸脸等，那你就要意识到这是一种对你的话题不感兴趣的暗示信号，这时你就要及时转换话题或尽快结束谈话。再如，照一位心理学家的研究，人们在交谈时，将视线投在对方脸上的时间最多不超过60%。而当你与一位异性朋友交谈时，如发现对方的目光几乎一直看着你，那么这往往表明对方不是对谈话的内容、而是对你发生了某种兴趣。在某一社交场合，如果发现某人不断地做着一些下意识的动作，诸如整理衣服、搓手等，这其实是一种代替性的行为，表示他内心的某种紧张情绪。假如此时你能过去和他作些轻松的交谈，也许会使对方很快放松下来。"眼睛是心灵的窗户"，有科学家经过研究发现，人的眼神可以多达几十种，每种眼神分别代表着不同的心理特征。因此，国内有人根据这种研究并结合产生各种眼神时的面部表情，编印了《如何看透他人的心灵》这样一本小册子，居然很有销路。书中还揭穿了不少算命先生的鬼把戏，指出不少看相的人都是根据人的各种不同的眼神从而推断出其心理，并迎合他的这种心理作出所谓的神机妙算的。

身势语的形式是多种多样的。而一旦你开始掌握了如何运用身势语的能力,那就一定会收到一种于"无声"中见真情的效果。笑星陈佩斯之所以一出场就会引人发笑,就是因为他能有效地使用身势语。

4. 穿出风格

"佛靠金装,人靠衣装",服饰美的作用是无可置疑的。

美的服饰可以在社交中给人带来美的享受,可以大大提升社交中公关的效果。那么,什么样的着装最能展现个性魅力,服饰怎样才能算美呢?高档考究是一种美,朴素淡雅也是美;色泽明亮是美的,浅色素色也是美;夸张、引人注目是美的,低调、别致也是美;职业装扮是美的,洒脱休闲装饰也很美。可谓众说纷纭,莫衷一是。每个人的审美标准不同,美的原则不同,才会有不同的感觉和效果。

从一般的情况分析,以下两点最能展现出服饰的风采,给人以美感:

第一,整洁是服饰美的首要条件。

无论在何种场合、穿何种衣服,我们都要保证着装整齐洁净。只有如此,才能保证服饰的美感。否则,无论你穿何种品牌、质地、式样、颜色的衣服,都会给他人留下不洁、不好的形象,也就无所谓服饰美了。

第二,协调是服饰美的艺术特征。

一个人着什么装、怎样打扮,都必

须与个人的性格、气质、职业、年龄以及穿戴的环境、季节相协调，才能与审美要求相符，才能符合社交礼仪规范，才能给他人以美的享受。也就是说，在整洁的前提下，还要注意服饰的协调。

一、体现个性，与交际环境协调

人置身于不同的社交场合、不同的群体环境，就应该有不同的服饰打扮。在交际活动中，要考虑环境因素，除职业上需要的统一正式的职业装外，服饰穿戴要具有个性特点。在选择服装的款式、颜色、材料上要根据主观爱好、气质、修养、审美特点等，选择充分体现自身个性的服饰，使服饰与个性"相映生辉"，给他人以强烈的美感，从而穿出你独特的一面，在交际过程中产生积极、良好的影响。

著名的英国前首相撒切尔夫人，素有"铁女人"之称，个性鲜明，在服饰穿戴上也有自己独到的见解。她说："我必须体现出职业特点和活力。"她认为，女性过分化妆容易给人以男人的玩物、花瓶之类的"浅薄感觉"。所以，她爱着深色、凝重的服装，这样显得严谨、高雅、庄重，突出了一位女政治家的个性风采。

体现个性风格，并非随心所欲，这里还有着装的交际环境、气氛的限制。服饰要与整体的交际环境、气氛相协调，只有这样，才有个性着装可言。比如说，在办公室上班要穿典雅庄重的职业装，女士以职业裙装为最佳。出席婚礼，服饰的色彩可略微鲜艳明亮一些，但不可过度，否则有压倒新娘之势，这是不礼貌的。而参加葬礼吊唁活动，则应着深色凝重的衣服。身居家中，可穿舒适的休闲服装甚至是睡衣，但若突然有客人拜访，则应立即到卧室中换装后与客人见面。在运动场上，则要穿着适合运动的服装。除与交际环境相协调外，还要注意与交际对象协调，以缩短彼此之间的距离，创造和谐融洽的交际气氛，使整个场合的气氛更加热烈。这样，服饰美的目的也就达到了。

二、服饰选择与自身的社会角色相协调

在社会生活中，我们每个人都扮演着不同的社会角色，因此也就有着不同的社会规范，在服饰穿戴上也就有区别了，我们应尽量做到服饰与角色相吻合。如果你现在置身家中，身份是太太或先生，你可以随心所欲，自由着装；如果你现在的角色是办公室职员，需要与同事或上司交往，你的着装则需要符合办公室礼仪，男士着西服，女士着套裙；假如你现在的身份是路上行人或公共场所的一员，则你的着装需要符合社会道德规范，要不伤风化和大雅。

三、服饰穿戴与自身的先天条件相协调

社交活动中的人们，都希望自身的服饰美丽，给他人以美的享受，所以千方百计地追求服饰美。为了达到美化的目的，服饰的穿戴要注意扬长避短。我们在选择服饰的时候，不仅要考虑服饰的颜色、质地、款式，还要充分结合个人的脸型、身材、肤色等来着装。针对不同肤色、身材，提供以下一些着装参考。

（1）肤色与服饰匹配适当

中国人多为黄种人，一般说来，不宜选择与肤色相近或颜色较深暗的衣服，如土黄、棕黄、深黄、蓝紫等，因为它们使得"黄"人更"黄"。通常适宜穿暖色调的衣服，如红、粉红、米色及深棕色等。但黄种人中皮肤白净者，则无论何种深色或浅色的服装都合适。皮肤黝黑者，适合穿暗色衣服，如铁灰、藏青等。

（2）体型与服饰合理搭配

身材矮小者，适宜穿造型简洁、色彩简单明快、小碎花型图案的服饰。

身材高大者，若修长，则各种服饰皆可；若稍胖，宜穿条形、不太肥的衣服。

肩过窄者，适合穿柔软、贴身的深色上衣，穿袖口挖得很深的背心。肩过宽者，适宜穿大翻领、带垫肩的衣服，脖系丝巾或围巾，穿横条纹上衣。

第五章
完善自己的仪表风度

腿粗者，适宜穿有下摆的长裤或拖地长裙和直线条纹的裙、裤，下身选择深色系列，脚穿高跟鞋。

腿细者，适宜穿横条纹的裙、裤，或不太紧的长裤，注意裙长及膝或膝下3厘米左右，不可选择高于膝盖以上的短裙或超短裙；穿浅色服装和丝袜，脚穿式样简单的低跟或平跟凉鞋。

腿短者，适宜穿直线条纹的裤、裙，或高腰长裤；如穿裙子，则下摆必须合身，脚穿高跟鞋。

腿长者，如穿裙子，最好过膝，系宽皮带，外衣长度要过腰部；长裤要与臀部紧贴，长度适中，裤脚反折。

V形腿者，如穿裙子，则裙子的长度要盖过小腿的弯曲部分；也可穿各式长裤、喇叭裤，忌穿短裙、紧身裙、牛仔裤；应配以低跟鞋子。后背太宽者，适宜穿有直线条花纹、剪裁合身的上衣，不要垫肩，注意露背装的吊带要宽些，头发长度要过肩。

后背太窄者，适宜穿有横线条花纹或图案、蓬松宽大的上衣，袖子与肩部接缝处要稍微宽些。

胸部太大者，上衣前胸的花色要尽量素雅，以直线条花纹为佳。选择蛋形、V字形和方形领口，衣料质地要柔软，轻盈飘逸。胸部太小者，宜带垫有厚海绵的胸罩，穿宽大的上衣，长背心或短装，利用花边、蝴蝶结扩大前胸的视线范围。在衣服的中腰部分，可用鞋带式的交叉系线。

大腹者，适宜穿紧松适度的裙、裤，选择长度盖过腹部的罩衫、束腰外衣，穿 A 字裙及腹部宽松的西装，或深色裙装、裤装。粗腰者，适宜穿柔软的罩衫或毛衣，选择盖过膝盖的外衣、H 形套裙，服装要尽量选用深色系列。

四、服饰的穿戴要符合时代特色

人体是美的。在古代，原始人受社会发展条件的制约，着装无意识，这是客观条件造成的。但是，随着人类文明到达一定程度，人体美就不能像原始社会那样毫无掩饰地展示了，必须经过服饰的"包装"，才有美感可言。在现代社会的社交场合，赤身裸体是与社会公德相违背的。著名的西方美学家格罗塞曾从人类审美心理角度出发作出分析："在文明较高的阶层中，衣服已变成男、女两性最不可少的部分。到了这样的情境下，人体的显露就成为不平常的稀奇事儿，和这种习惯冲突，正如其他情形一样，要发生一种交代不过去的尴尬。"服饰的穿戴要与时代发展相同步，否则你的着装就有失礼之处，尤其在重大场合。

五、服饰穿戴要与季节相协调

除了以上几点着装时需要注意外，一般情况下，我们的服饰穿戴还要与四季气候条件相协调，除非有特殊的表演等需要；否则，违背自然规律着装，不是热着了，就是冷着了，影响个人健康不说，与他人、与社会格格不入的着装不仅无美感可言，还有损个人形象。一般说来，春、秋季气候不冷不热，适宜穿着浅色调的薄厚适中的衣服；而冬、夏季就偏冷或偏热了，与之相适应，我们的着装则应该相应地偏厚或偏薄。如同样是裙装，夏天应着薄型面料的，而冬天则应该穿厚面料的裙子；且夏季服装的颜色以浅色、淡雅为主，冬季以偏深色为主，如深蓝、藏青、咖啡等色。以上是达到服饰着装效果需要具备的几点条件。人追求成功，离不开交际，在社交场合中，应该重视服饰对自身社交形象的重要作用，同时理解服饰穿戴在现代社会已经超越了传统的实用、保护身体的基本功能，而上升为一种服饰文化，在我们的生活中扮演着重要角色。

5. 注重仪容修饰

良好的仪容可以给人美好的第一印象，而完美的第一印象，绝对是你成功社交的敲门砖。

眼睛是心灵的窗户，因为人是视觉的动物，所以许多事情都是眼见为实。虽说通过沟通互动，可以改善人与人之间的关系，但假若你能在与人初次见面时就给人以良好的第一印象，那接下来的互动与沟通不是更顺利、更省力吗？

通过仪容的修饰打造犹如黄金般耀眼的第一印象，绝对有助于你在人际关系上的拓展。试想，若是你给人的感觉始终是沉闷的、难以亲近的，那对于你工作的拓展绝对没有帮助，当然更不用说会有良好的人际关系了。

所以，许多成功人士，都十分注意自己的仪容修饰，即使是在非重要的场合，甚至是平时的生活中，他们也决不会让自己仪容随便或邋遢不整。注重仪容礼仪，具体来说，其在社交中的重要性有如下几点：

一、给人美好的第一印象

这是良好仪容所起的最直接的作用。可以说，在我们每个人的心目中，都不愿意与一个仪容不整的人过于亲近。对在社交中碰到的邋里邋遢的人，大多会采取回避的态度；实在回避不开，也最多出于礼貌打个招呼了事。而对那些注重仪表、光彩照人的人，我们不仅不会回避，而且会千方百计与之结识攀谈，并尽可能使双方关系进一步加深。这就是美好的第一印象——良好的仪容所造成的神奇效果。

二、使自己在社交中充满自信

一个人唯有充满自信，才能在言谈沟通中给人积极向上的印象。而自己良好的仪容就可以自然使自己充满自信。为什么会产生这种自信的效果呢？一是心理作用，即自己通过仪容修饰，首先从心里对自己感到一种形象上的优势；二是他人对自己的态度所造成的强化效果，即因为自己良好的仪容而使别人都愿意主动来与自己接触、交谈，在这样的互动氛围中，自己的自信心必然进一步得到了强化。

从上述分析我们可以充分地认识到，仪容与成功社交的重要关系。因此，我们每个人都应在社交中讲究自己的仪容，注意自己的仪容，充分使用好仪容这块成功社交的敲门砖。

良好的形象非常有利于社交的成功。人们的印象形成过程始于感情刺激，即首先通过感官觉察对方。社会交往中的人，总是以一定的仪表、装束、言谈、举止进行某种行为而出现的，这是影响人们第一印象的主要因素。整洁大方的衣着、得体的举止、高雅的气质、良好的精神面貌和真诚动人的谈吐，必定给对方留下深刻美好的印象，从而建立起友谊和信任关系，达到社交目的。在这里，形象不仅起着润滑和媒介的作用，而且起着黏合和催化作用，它对表达感情、增进了解、相互吸引都是必要的。形象在社交生活和个人事业中起着至关重要的作用，每个人都应该树立自己的形象意识，从一点一滴做起，逐步建立自己的好形象。

> **知识链接**
>
> 整洁大方的衣着、得体的举止、高雅的气质、良好的精神面貌和真诚动人的谈吐，必定给对方留下深刻美好的印象，从而建立起友谊和信任关系，达到社交目的。

6. 塑造健美的形体

有一个成语是"郎才女貌"，似乎男人只要有才就无所不能。其实，仅仅有才还远远不够，健美的形体也是必要的。

也许有人会说，我生来就是五短身材，还谈什么美。其实不论什么样的身材，只要注意塑造，都可以达到一定美的程度。

现代科学证实：科学的饮食与科学的锻炼，是塑造美的体型的主要手段。

一、健康饮食

（1）降低饮食的含热量

保持正常体重。可降低饮食的含热量，糖和乙醇都不可多食，否则会给身体增加额外的负担。

（2）食用多种食品

没有任何一种食品能提供人体所需要的全部营养。所以，每日食用多种食品是很重要的。应选食如面包、麦片、水果、蔬菜、肉、鱼、禽、蛋、乳制品、玉

米及其他谷类食品。

（3）避免脂肪过剩

过量食用高脂肪的食品，会使身体发胖，使血液中的胆固醇增高，对心脏造成极大的危害。

（4）食用含有适当淀粉与纤维的食物

吃适量的淀粉食物，不必担心会增加热量，反会对身体有一定的益处。优质的纤维食物，如粗粮、粗面粉或带茎的蔬菜，可以促进消化、防止便秘，有益于身体的新陈代谢。

（5）餐饮时间及定量

提倡一日多餐。一日三餐是我国自古到今的饮食习俗，其实，"一日三餐"并不科学，应该是"一日多餐"。我国古代医学家孙思邈说过："不欲极饿而食，饮不可过饱；不欲极渴而饮，饮不可过多。饮食过多，则结积聚；渴饮过多，则成痰癖。"一些现代营养学家也通过实践认为，一日多次小餐，比相同的一日三餐储存的体内脂肪少。因为人体能有效地代谢小餐摄取的热量。要保持健美体型，需要减肥，又希望有较强运动能力的人，如采用"一日多餐"的方法，相信会取得很好的效果。

吃好早餐。有人为了减肥，或因早晨时间紧张而放弃早餐，其实这样做对身体会产生危害。不吃早餐，中午便会产生空腹感。而空腹时，体内储存能量的保护机能便会增强，这时吃下去的食物容易被机体吸收，也最容易形成皮下脂肪。正常情况下，头天晚上吃的食物，经过六个小时左右就会进入肠道，第二天若不吃好早餐，胃酸及胃内的各种消化酯，就会去"消化"胃黏膜层，时间长了，很容易造成胃溃疡及十二指肠溃疡等疾病。此外，人在早晨进食时，出于消化的需要，胆囊中的胆汁可以排出。反之，长期不吃早餐，就容易患胆结石。

晚餐要少。中国人注重晚餐，因为白天辛苦，晚上家人团聚，又有时间，于是晚餐大多比较丰盛。其实这种进餐方式既无益于健康,更谈不上健美了。因为晚餐吃得太饱、太油腻,血脂便会骤然升高,加之睡眠时人的血流速度减慢,血脂很容易沉积在血管壁上,时间一长,就会发胖和动脉粥样硬化,引起高血压和冠心病。晚餐后的活动量较小,未能消化吸收的物质,便留在肠道里,会产生包括可致癌的有毒物质。

二、健美锻炼

生命在于运动,健美在于锻炼。

人的运动器官具有较大的可塑性,人的体型可以通过形体训练而发生变化,如骨骼、关节、肌肉和韧带,经过长时期的机械用力,都可以发生一定的适应性形变,使整个体型趋于协调健美。因为,体育活动能消耗大量热能,所以体育锻炼是促进人体健美、防止肥胖和干瘦的最好方法。肌肉是塑造体形美的主要因素,通过体育活动,使人体更多的肌肉参加活动,肌肉周围的微细血管便会增加,促进肌肉所需的营养供应和新陈代谢活动,从而为塑造线条清晰的健美体型打下基础。

(1) 形体健美锻炼的原则与要求

首先锻炼要全面。形体健美锻炼的目的,是要使全身肌肉有弹力,发展匀称丰满,内脏器官机能旺盛。只有坚持身体全面锻炼,才能达到这个目的。

其次是加练不足。对自己不够健美的部位要重点加练,使其得到改善。

最后,锻炼要经常。人体的生理规律是"用进废退"。只有坚持天天练,经常练,才能促进机能的发展,改善体型。"三天打鱼,两天晒网",间间断断,就很难达到健美的目的。

（2）锻炼要循序渐进

健美锻炼，不仅要持之以恒，还要循序渐进。不要企图"一口吃个胖子"。科学合理的方法是，根据自己的体质、体态条件，制订一个锻炼计划。青少年时期，骨骼正处于生长期，加强下肢骨的锻炼，可增加高度和腿的长度，使人体的比例适度。青年时期，要重视胸部和腹背部肌肉的锻炼，促进胸部发育，减少腹部脂肪堆积。青壮年时期，除了坚持以上部位的锻炼外，还要重点加强腰、腹、臀肌的锻炼，以防止脂肪堆积，增强肌肉弹力。要用正确的方法进行锻炼。要根据体操的要领和正确方法做，每一个动作要到位。采用某节或某套体操时，要多次反复练，练熟，才能达到锻炼的效果。

（3）采用正确的锻炼方法

健美锻炼采用正确的方法，才能收到好的效果，避免伤害事故。首先要做好准备活动，使身体有关部位活动开来。然后，根据计划按顺序进行，全面锻炼。此后，再对身体有缺陷的某一部分，进行重点训练，多做有关动作。也可以做完一套健美操之后，再做用以矫正的专门训练。最后，完成了全部训练后，要做一下放松活动，使全身肌肉放松，心态趋于平和。根据锻炼习惯和工作情况，白天或晚上都可以进行锻炼，但要安排得当，便于长期坚持。

7. 举止有度且得当

在社会交往中，一个人的举止得体既体现他的道德修养、文化水平，又表现出他与别人交往是否有诚意。

我们在交往中应做到举止有度、得当、文明、潇洒。

一、举止有度

所谓举止有度，是说一个人的举止要符合一定的标准，即"站有站相，坐有坐相"。

站相是站立的姿态。一个人在站立时要保持身体正直，切忌东倒西歪、耸肩驼背。正常的站立姿势的基本要求是：从正面观看，其身躯应当正直，头、颈身躯和双腿应与地面相垂直；从侧面看，其下颌微收，眼平视前方，挺胸收腹，整个体形显得庄重、平稳。两腿间距不宜过大，以不超过一脚为宜。站立时间较长时，可以一腿支撑，另一腿稍稍弯曲。站立交谈时，双臂可随谈话内容做一些手势，但不宜将手插入裤装里或交叉在胸前，更不要摆弄一些小物品，因为这样做既不庄重，也显得缺乏自信。坐相是坐着的姿势。一个人坐着时姿态要端正，不要东倒西歪、两腿抖动；也不要一条腿放在另一条腿上，翘着"二郎腿"。正常的姿势是：在无靠背的座椅上就坐时，上身应保持正直微向前倾，两肩平行，自然下垂，两手随意放在膝头，腿距与肩宽大致相等，两脚自然着地。在有靠背的座椅上就坐时，身体可以微微向后倾，靠在靠背上；但不要仰靠，露出懒散的样子。另外，坐着时，腿不宜分得过开，女性尤应注意。

除了站相和坐相之外，还应该注意走路的姿势。走路时身体应当保持正直，不要过分摆摇，也不要左顾右盼，两眼应平视前方，两腿有节奏地交替向前迈进，步履轻捷，不要拖拉，两臂在身体两侧自然摆动。

二、举止得当

在社会交往中，你还应该做到举止得当。所谓举止得当，是指社交者能够了解某些举止具有的特殊礼貌意义。

好气质是这样养成的

（1）点头

这是一种最常使用的礼貌举止，经常用于与他人打招呼。用点头来打招呼时，点头者应两眼看着对方，面部略带微笑，等对方有表示时再转向他方。点头打招呼也可以点头表示敬意，也可以点头和握手配合使用。

（2）举手

这是一种与对方距离较远或交臂而过时间仓促时的打招呼方式，也是一种常见的礼貌举止。由于条件所限，打招呼者无法与对方交谈或站停施礼，在这种情况下，举手打招呼是最合适的。这种方式不但可以表示认出对方，而且还可以在短时间里、远距离内表达你的敬意。

（3）起立

这是一种在较正式场台使用的礼貌举止。在较正式场合里，有长者、尊者到来时或离开时，在场者应起立表示敬意。如长者、尊者来访，在场者应起立表示敬意，待来访者坐落后，才可坐下；如长者、尊者离去，应起立，待他们离开时即可落座。

（4）鼓掌

这是在社交场合表达赞许或向别人祝贺等感情时的礼貌举止。在正式的社交场合，重要的人物出现、精彩的演讲完毕或演讲结束，人们可以用鼓掌来表达自己的敬意和赞赏。

（5）拥抱

这是传达亲密感情的礼貌举止。这种礼貌举止，国外特别是欧美国家应用得比较广泛。我国通常用于外事活动中的送往迎来等场合，偶尔地用于久别重逢、误解消除等难以用语言来表达强烈感情的特殊场合，但在同辈异性之间轻易不使用。

当然，礼貌举止不仅仅这些，不过，只要有心，不难找到很多礼貌举止的规范。

8. 培养稳重自然的个性

成熟的个性是塑造好形象的资本，也是社交成功的重要阶梯。具有成熟个性的男人，能够最大限度地发挥自己的精神力量，并与环境建立和谐关系。男人应该对自己的个性是否成熟有个清醒的认识，并逐步使自己的个性日益成熟。

一、鉴别自己的个性成熟与否

所谓个性，通常是指一个人的气质、性格和能力。所谓成熟，则包括成长、发展所能够达到的水平和发展过程中的机能结构的变化。具体可分为身体的成熟、情绪的成熟、社会性的成熟等。美国心理学家马斯洛挑选了一些可称为"最充分发挥作用"的人进行研究。他发现这些人的个性特征虽然极不相同，但都有一些共同的心理特征，主要表现在以下几方面：

①在对现实的客观知觉方面，能明确区别已知和未知、事实和对这些事实的意见、事物的本质和表面现象。

②能正确看待自己、别人和世界。

③非利己主义，追求目标高远，不搞内部摩擦。经常考虑"我对单位有什么贡献"、"企业对社会能有什么贡献"。

④能忍受孤独和寂寞。

⑤有创新能力。

⑥行为自然,不会由于矛盾而简单地破坏常规。

⑦看人重实际而不重表面,对有优良性格的人抱友爱态度,无出身、门第、地位的偏见。

⑧对部分人常有深情的依恋,不无端地敌视别人。

⑨道德上是明确的,能清楚地辨别善恶,其实际行动与道德认识一致。

⑩具有相对摆脱现实环境的独立性。

⑪意识目的和手段的区别,既注重目的,也不忽视手段。

⑫超然于琐碎事物之上,有广阔的视野和远见,其活动以是否具有价值为指南。

个性特点又可分为三个方面:主体内部特征、主客体关系特征和人与人之间的关系特征。能客观地观察问题、有较强的工作能力等,都属于主客体关系范畴的个性特征;行为自然、正确看待自己、独立自主精神等,属于主体内部个性特征;道德明确、非利己主义、不无端敌视别人、无地位偏见等,属于人与人关系范畴的个性特征。这三个方面的恰当结合,就形成了成熟的个性。另外,还有一些心理学家通过相反的观察和研究,归纳了一些不成熟个性的特征,其表现主要有以下十项:

①残留着对双亲的依从。

②通常由于胆小而不愿走向社会。

③行为出于利己的动机。

④缺乏独立性、自觉性。

⑤情绪不稳定,攻击性或逃避性行为偏多。

⑥为人不可靠,没有责任感,不宽容。

⑦生活图一时快乐。

⑧劳动不认真。

⑨不能正确认识世界和自己。

⑩不能同别人建立和谐的关系。

这些也可归纳为主体内部、主体客体关系、人与人关系等三方面特征。不成熟的个性往往在人生道路上形成巨大的障碍，甚至使人终生平庸，碌碌无为。

二、培养自己成熟的个性

个性的成熟是受多方面条件制约和影响的。某些心理学者曾提出如下四种水平的个性结构模型：

①气质（基础是高级神经活动类型）。

②心理过程的特点。

③经验水平（习惯、技法、熟练、知识等）。

④信念、爱好的性格倾向性（世界观、人生观、兴趣、努力方向等）。

这个结构模型告诉我们，形成个性的因素包括生理性基础和社会性条件。对于每一个人，这两种因素都应是协调的。不协调，个性发展就会受到影响。如有的人已具有成人的体格，但是情绪或社会性方面仍旧是个孩子。在个性成熟过程中，社会性因素的影响会逐渐上升，而生物性因素的影响逐渐下降。每一步发展，都使个性结构模型中的高层次成为主导，低层次受到改造，最后在信念的基础上产生"主要的、核心的生活目的"，决定着人生的方向。培养成熟的个性，主要在于增强社会性的条件，在于自己的主观努力。因为每个人都要接受生活的考验和筛选，这也就有成功者和失败者之分，并且会出现两种同化现象。向成功者同化的人，以自己某一方面的才能成绩受到赞誉为其发端和契机，因而促使个性成熟的主观努力越来越大，其成熟的速度也就快；向

好气质是这样养成的

失败者同化的人，由于不能正确对待失败和挫折，逐步形成了无视现实和心安理得的习惯，因而也就放弃个性成熟的主观努力，表现出粗劣的品格和各种怪癖。你可以"看"到你正在取得成功的形象，在脑中显现你充满自信地投身一项困难的挑战的形象。这种积极的自我形象反复在心中呈现，就会成为潜意识的一个组成部分，从而引导你走向成功。

"临场默想术"是一个能确立成功的自我形象的可以普遍采用的方法，你不妨试一试。

首先，超脱别人对自己的期望。他人对你的期望是一种信任的期待，会成为一种前进动力。但是，它有时会成为束缚你的桎梏，所以，你不要看到别人成功而妄自菲薄，不要错把人家的期待作为沉重的精神包袱，能真正认识自己的只有你自己，凭你的知识与经验以及直觉去寻找你的位置。你有着属于你的成功，它在等待着你。

其次，建立能获得支持和"营养"的人际关系。最能增强你的良好自我形象的途径是使你感到你的生活中充满着爱。这要通过你的努力去实现。

第六章 培养幽默感

好气质是这样养成的

1. 幽默和风趣是智慧的体现

宋代的苏东坡不仅才华横溢，而且还是个极富幽默感的人。有这样一段轶事：一次他在与一位名叫钱勰的朋友聊天时，说他很喜欢从前乡下那种白饭、萝卜和清汤的简朴生活。隔了几天，钱勰请苏东坡赴宴，请帖上写明"将以三白待客"。他不知何为"三白"，于是欣然前往。可在餐桌上他

发现只摆了三样东西：一撮盐、一盘白萝卜和一碗饭。苏东坡这才记起几天前说过的大话，知道这是钱勰的恶作剧，可他却不动声色。

又过了几天，苏东坡回请钱勰吃饭，请帖上写明请吃"三毛"餐。钱勰赴宴来了，可等了半天，不见主人端菜上桌，于是便对苏东坡说肚子已饿了。这时苏东坡才煞有介事地请朋友快吃，"三毛"（没），"盐也毛（没），萝卜也毛（没），饭也毛（没），非三毛（没）而何。"钱勰这才恍然大悟，不禁为苏东坡的幽默机智而拍掌称绝。

在这里，苏东坡"东施效颦"未免步了人家的后尘，同时也略显得小心眼了些。然而，生活中，多一些幽默感，生活就会多一些乐趣。一个有气质的人，通常也是个擅长幽默的人。

"幽默"一词，在拉丁语中，最初是一种医学用语，描述的是人体中的四种

第六章 培养幽默感

基本液体,即血液、黏液、黄胆汁和黑胆汁的四种不同比例与组合,希波克拉底认为幽默决定了人的不同气质、性格等。后来,"幽默"一词逐渐演变成为社会学概念。社会学意义上的幽默虽然不决定人的气质或性格,却是一个人气质的外在表现形式。正如莎士比亚所说:"幽默和风趣是智慧的展现。"

幽默作为一种良好的气质特征,具有如下一些特性:它可以使人在轻松愉快的情绪下减轻烦恼,化解日常生活中人际之间的摩擦,显示豁达、宽厚和善良的胸怀。同时,它还是以一种轻松的态度来面对严肃人生的勇气,等等。一个真正有幽默感的人,总是给人以坦然自若、愉快充实、睿智善变的感觉。人们都喜欢和有幽默感的人在一起工作、学习和生活。这种个性气质方面的魅力如同一道明丽的阳光,能充分展示人的情感力量和聪明才智。

幽默对于人的生活品质具有不可忽视的作用。而幽默感却不是与生俱来的。因此,它需要我们在后天的学习和生活中去培养和发展。到底该怎样培养自己的幽默感?这是个比较复杂的问题,因为培养幽默感的形式很多,不同的人可以有不同的方法。一般来说,你可以试着从以下几个基本途径入手:

一、提高修养

幽默感的培养首先是要加强自身素质修养,提高自己的修养程度。幽默感体现的是人的一种优雅的风度,是一种充满着善意和宽厚的人生态度。因此,它绝不同于油腔滑调、庸俗低劣的嘲弄和讽刺。正如老舍先生所言:"和颜悦色,心宽气朗,此之谓幽默。"

有这样一个故事:一次,萧伯纳被一个骑车的人撞倒,那人连忙扶起了这位大名鼎鼎的作家,不迭声地道着不是。假若换了别人,也许至少会发一阵脾气。可萧伯纳爬起来之后,却颇为遗憾地说:"你的运气不好,先生,你如果把我撞死了,就可以名扬四海了。"这令人忍俊不禁的幽默,生动地表现了萧伯纳大度和宽厚的胸怀。

二、培养机智

应该时刻注意自觉地培养自己的机智，因为幽默感常常和机智密不可分。有时候，幽默感需要以一种出人意料而又在情理之中的睿智巧思来表现，这样幽默的作用才能有效地发挥出来。机智的表现形式多种多样，随机应变即为其中一种。

一次，美国前总统里根正在白宫的钢琴演奏会上发表讲话，夫人南希突然不小心在上台就座时摔了一跤，200多位宾客都惊愕地看着她。当她爬起身来，继续登台并在自己的座位上落座时，来宾们都鼓起掌来。这时里根马上机智却不失俏皮地说："亲爱的，我告诉过你，只有在我没有获得掌声的时候，你才应这样表演。"这话一下子引起了大家的笑声，使南希从尴尬的处境中轻松地解脱了出来。

机智还表现在社交场合中，一句机智而得体的应对，往往会使人摆脱不愉快的窘境，并给造成不愉快的人以委婉的批评。某研究机构提供了这样一个例子：在一次聚会中，一位作家的新作受到了许多同行的称赞。可这时却有一个人出于嫉妒地对他说："我很欣赏你的这本书，可不知是谁替你写了这本书？"而这位作家则微笑着说："很高兴你能喜欢我的这本拙作，不知是谁念给你听的？"对方讥讽作家不会写，而作家则机智地暗示讥讽不会读，这种颇具幽默的急智之言，既不失自尊而又表现了良好的涵养，使对方在相形见绌中反省其言行。

三、丰富的想象力

幽默感的形成还需要有丰富的想象力。这种想象力一般都采用诙谐、夸张的手段来达到幽默的效果。比如有一家医院的候诊室的墙上贴着这样一句话："病人请勿交换病症，因为那样会给你和医生都带来麻烦。"它以诙谐的语言，在一定程度上松弛了病人的心理紧张。

苏联诗人马雅可夫斯基在一次讲演中，幽默风趣，妙语连珠，引起了一阵阵的笑声和掌声。这时台下忽然有一位观众喊道："您讲的笑话我不懂！"诗人于是感叹道:"您莫非是长颈鹿!只有长颈鹿才可能星期一浸湿的脚,到星期六才能感觉到呢!"

四、注重含蓄

幽默还有一个特性就在于它是含蓄的。正如中国著名漫画家方成先生所说的:"幽默要使人在笑的同时产生联想和进行判断,领悟其中深层次的蕴义。"在这一点上,幽默和辛辣直露的讽刺具有很大的差别,尤其是当我们利用幽默批评某人某事时,这种含蓄往往使人比较易于接受。

有次,一位默默无名的青年作者请卓别林看他写的一个电影剧本,并询问他的意见。卓别林仔细翻阅之后,对他说:"等你和我一样出名的时候才能写这样的东西,那个时候你要写得好一点儿。"这种温和的批评,含蓄而内含锋芒,使人听起来会觉得好受许多。

此外,幽默的表现形式还有许多;相应地,培养幽默感的方法也还有很多,无论在个人生活、家庭、社交、事业等方面,幽默感都可以成为改善我们的个性气质和生活质量的重要力量。正是在这种令人莞尔一笑的幽默中,使我们发现了人性的优美、善良和生活的快乐、有趣。

知识链接

幽默作为一种良好的气质特征,具有如下一些特性:它可以使人在轻松愉快的情绪下减轻烦恼,化解日常生活中人际之间的摩擦,显示豁达、宽厚和善良的胸怀。

好气质 是这样养成的

2. 幽默比大笑更有深度

幽默是什么？仅仅是一句引起大家捧腹大笑的诙谐的言语吗？仅仅是一个发人深省的故事吗？幽默的作用不仅仅是让人发笑，发笑只是它最肤浅的表现，幽默比笑更有深度，其产生的效果远胜于咧嘴一笑。

幽默是摆脱尴尬局面的一剂良方。

美国有一位著名的钢琴家波奇，一次他在密西根州的福林特城演奏时，发现偌大的会场中观众很少，还不到半数。见此情景他很失望，但他很快调整了情绪，恢复了自信，还是满面笑容地走到舞台前面，对观众说："你们福林特城的人一定很有钱，我看你们每个人买了两个座位的票，真阔呀！"话音刚落，掌声雷动，观众们纷纷为大师的妙语所打动，立刻对这位钢琴家产生了好感，聚精会神地欣赏他美妙的钢琴演奏，没有一个观众在中途离场。正是幽默改变了钢琴家的处境，使他的演出十分成功。

如果波奇看到观众稀少的场面而一气之下出语伤人，甚至一走了之，恐怕事情的结果便是一拍两散。以这种态度处世，恐怕他也永远不会成为一名钢琴家。

幽默可以让你在烦恼、痛苦、忧虑、紧张的情绪中先舒缓一下神经，更全面地分析问题，更理性地处理问题。这种幽默更像是自我解嘲。在对话、演讲等场合，有时会遇到一些尴尬的处境，这时如果用几句幽默的语言来自我解嘲，就能在轻松愉快的笑声中缓解紧张尴尬的气氛，从而使自己走出困境。一位心理学家曾说过："幽默是一种最有趣、最有感染力、最具有普遍意义的传递艺术。"幽默的语言，能使气氛从剑拔弩张的状态变得更轻松、融洽。人们往往会有这样的体会，

第六章 培养幽默感

疲劳的旅途上，焦急等待时，彼此都不理解的场面中，一句幽默的话、一个风趣的故事，会使人笑逐颜开，于是令事态向着更好的方向发展。

幽默是避免尖锐冲突的从容和睿智。

据说爱迪生在发明白炽灯泡的过程中，失败了1200次。一个商人当众讽刺他是个毫无成就的人。众目睽睽之下，爱迪生没有恼羞成怒，反而哈哈大笑，说道："我已经有很大的成就了，谁说失败就不是成就呢？我至少证明了这1200种材料不适合做灯丝啊！"

当爱迪生最终成功地发明了灯泡时，在一个大型的社交场合上，一位夫人态度傲慢地问他："请问爱迪生先生，您耗费这么多精力来研究这个小东西，它到底有什么用呢？"面对无知者对于自己辛苦工作成果的否定和怀疑，爱迪生反而彬彬有礼地反问了一句："夫人，请问您是否能准确预期一个新生的婴儿将来长大了会有什么发展吗？"那位夫人无趣地走开了。

我们都得无奈地认识到，我们的所作所为也许在一时不会为大多数人所理解，甚至会暂时遭到质疑、诽谤和封杀。当面对这种尖锐的场合时，面红耳赤的争辩和寸步不让的吵闹往往会使事情越搞越僵，导致大家不欢而散，甚至结怨终生，而幽默正是化解人类矛盾的调和剂。它是一种艺术，以一种愉快的方式调整人际关系；幽默是人际关系的润滑剂，它以善意的微笑代替抱怨、避免争吵，使你与他人的关系变得更有意义；幽默也是活跃和丰富人类生活的兴奋剂，是一种高雅的精神活动和绝美的行为方式；幽默是一种力量，一种可以减轻压力、缓和人际关系、摆脱逆境的力量；幽默是对无知者的嘲弄，也是对反对者的轻蔑；幽默是一切奋发向上者所必不可少的力量。

幽默是保护自身不受伤害的武器。

被人贬低和蔑视是一种痛苦的感受，许多人不甘心隐忍吞声、默默咽下苦果，结果就像独木桥上互不相让的山羊一样，相互攻击，反而使彼此都受到了更大的伤害。在心理防御机制中，幽默是一种更高级的防御方式。以幽默的语言还击，就像是平地起惊雷，以优雅的方式去蔑视那些浅显、庸俗的人。幽默是保护自己、化解痛苦的一种方法，当你遭受痛苦的时候，用幽默的方式去理解痛苦，你会得到更多正面的解释、更容易了解痛苦的合理性，从而降低痛苦对你的负面影响。

以幽默的方式进行教育和批评，具有更易为人接受的效果。

罗斯福任美国总统以前，在海军部供职。有一天，一位朋友向他打听海军在大西洋的一个小岛筹建基地的秘密计划。罗斯福故意向四周望了望，然后压低声音问："你能保守秘密吗？""当然能。"朋友拍着胸脯向他保证。"那么，"罗斯福微笑着说，"我也能。"

运用幽默语言进行善意的批评，既达到了批评的目的，又避免了出现使对方难堪的场面。与其一本正经地强调立场和原则，伤了朋友之间的和气，不如幽上一默，在幽默中让对方明白什么可为、什么不可为，在舒缓的气氛中，在看似随便的玩笑中，不伤和气地处理好问题。

幽默对人际交往大有好处，幽默能使人感到轻松愉快，它会使你显得更容易接触、和你接触很快乐，别人可以平视你而非仰视，也就是和你接触不累。恰当的幽默可以调节沟通的气氛，还可以驱除沟通中的无聊感。幽默不仅让别人发笑，同时也会给自己带来很大快感，它还可以让人身心健康、延年益寿。人们希望与幽默的人一起工作，乐于为幽默的人服务，愿意与幽默的人一起享受生活的美好。

列宁曾说："幽默是一种优美的健康的品质。"幽默的本质就是有趣、可笑和意味深长。幽默是人类智慧的结晶，是一种高级的情感活动和审美活动。时不时幽上一默，是一种个性积极乐观的表现，能反映出你的开朗、自信和智慧。当你把幽默作为礼物奉献他人时，你会得到相应的甚至更多的回报。幽默能使他人更喜欢你、信任你，从而为你营造更和谐、轻松的社交环境。从某种意义上说，幽默是个人修养的表现，更是在生活、工作和人际交往中泰然自若的诀窍。幽默是一种优美的健康的品质，也是现代人应该具备的素质。具有积极的心态和宽阔的胸怀，才能对生活充满信心与热情；拥有高尚的情趣、丰富的想象、开朗乐观的性格，才能成为幽默风趣、自然洒脱的人。

聪明的人懂得幽默，善良的人乐于幽默，而幽默的人才是善待生活的智者。

知识链接

幽默是人类智慧的结晶，是一种高级的情感活动和审美活动。聪明的人懂得幽默，善良的人乐于幽默，而幽默的人才是善待生活的智者。

3. 幽默的丰富层面

幽默是人的能力、意志、个性、兴趣的综合体现，它是社交的调料。有了幽默，社交可以让人觉得醇香扑鼻、隽永甜美。它是引力强大的磁石，有了幽默的社交，便会把一颗颗散乱的心吸入它的磁场，让别人脸上绽开欢乐的笑容。它是智慧的火花，是智慧者灵感勃发的光辉；它是高级的逗笑品，幽默不一定会使你捧腹大笑，却能引起莞尔微笑。

就品种而言，幽默和笑一样丰富多彩，它有善意的、冷酷的、友好的、悲伤的、感人的、攻击性的、不动声色的、含沙射影的、不怀好意的、嘲弄的、挑逗的、和风细雨的、天真烂漫的、妙趣横生的等等。这里不论属挪揄也好、属嘲笑也好，充满同情怜悯也好、纯属荒诞古怪也好，其意趣必须是从内心涌出，更甚者是从头脑涌出的。只有这样，它才以一种生动感、生命感，标志出超卓的心智心力，抖展开心灵的温暖与光辉。

幽默可以分为以下几种类型，不同的人对幽默有各自的欣赏眼光。

一、哲理性幽默

对哲学、宗教等方面有嗜好的人会对此反应强烈。他们往往能对自身弱势进行嘲笑。对这类幽默感兴趣的人并不是自虐狂，而是具有一种能坦率地承认并欣赏自己的弱点、并能超越它们的开阔胸怀，是一种令人感到和蔼可亲的谦卑。

请看下面这则妙语：

大学生请一位著名的经济学家给衰退、萧条、恐慌等词下个定义。

"这不难。"专家回答，"'衰退'时人们需要把腰带束紧。'萧条'时就很难买到扎裤子用的皮带。当人们没有裤子时，'恐慌'就开始了。"

一个题为《佳丽可人》的作品更富趣味：

"你最爱我哪一点？"妻子问她的丈夫，"是我的天生丽质呢，还是我动人的身躯？"

"我最爱你的这些幽默感。"丈夫回答。

二、荒诞式幽默

这是以一种出乎意料的独特方式摆脱理性而产生此类完美的"蠢话"。这种幽默绝不会来自傻瓜的头脑，而是高度智慧的结晶。喜欢这种类型的人理性思维较发达，追求精神的自由奔放。

有一次，英国作家狄更斯正在钓鱼，一个陌生人走到他跟前问："先生，您钓鱼？

"是的,"狄更斯毫不迟疑地答,"今天,我钓了半天,没见一条鱼;可是在昨天,也是在这个地方,却钓起了 15 条鱼!"

"是吗?"陌生人问,"那您知道我是谁吗?我是专门巡检偷偷钓鱼的,这带湖口禁止钓鱼!"

说着,那陌生人从口袋里掏出一本罚单,要记下名字罚狄更斯的款。见此情景,狄更斯忙反问道:"那么,你知道我是谁吗?"

当那陌生人还在惊讶迷惑之际,狄更斯直言不讳地说:"我是作家狄更斯,你不能罚我的款,因为虚构故事是我的职业。"

三、社会讽刺小品

这是对社会风气、对人性某些灰暗面的嘲讽,酷爱这类小品的人是在以一种半超然冷漠的态度对待世界,这种幽默的欣赏者往往以一种更开阔的视野——即所谓"上帝的眼光"来看待自己与人类自身,成为自己与人类命运自由而超然的观察者。

1717 年,伏尔泰因为讥讽摄政王奥尔良公爵,被囚禁在巴士底监狱 11 个月之久。出狱后,吃够了苦头的哲学家知道此人冒犯不得,便去请他宽宏大量、不计前嫌。摄政王深知伏尔泰的影响,也急于同他化干戈为玉帛。于是两人都讲了许多恰到好处的抱歉之词。最后伏尔泰再一次表示感谢说:"陛下,您真是助人为乐,为我解决了这么长时间的食宿问题,我衷心地再次向您表示感谢。可今后,您就不必再为这件事替我操心啦。"

四、插科打诨式的"胡言乱语"

这是轻松的自我娱乐。对于那些刚开始体会推理之味、对世事涉足不深的年轻人来说,可能对此会兴趣盎然。

马克·吐温一天在美国里士满城,抱怨自己的头痛。当地的一个人却对他说:"这可能是你在里士满城吃的食品和呼吸空气的缘故,再也没有比里士满城更卫生的城市了，我们的死亡率现在降低到每天一个人了。"

马克·吐温立即对那人说："请你马上到报馆去一趟，看看今天该死的那个人死了没有？"

幽默形式和品种异彩纷呈、百花争妍，表明人类的幽默艺术经久不衰，生命力旺盛。当我们为它的奇光异彩所吸引时，应该看到：一如世上绝大多数事物一样，幽默也有不同品格，有的高贵文雅，启人心智；有的低级庸俗，贻害青年。对发挥幽默力量者而言，理性的判断透视是必要的。

4. 学会幽默和取悦他人

幽默和取悦别人，能在给人以乐趣和神韵中，展示一个人的乐观豁达的气质品格。这是聪明人发明的一种心灵健康的灵丹妙药，应当善于运用。

一、学会幽默

幽默是一种非常好的情绪调节剂，是气质好的表现。幽默是自发的、可遇不可求的。在我们这样的社会，幽默是一种十分难得的天外来客。谁能在幽默上占主动，谁就能很好地控制情绪。

幽默说明一个人在情感调节中的主动性。当一个人悲哀的时候，他的幽默说明了他是不会把悲哀真正地放在心上的。当一个人高兴的时候，他的幽默说明他在高兴中仍有清醒理智。

二、学会取悦别人

独乐乐，孰如众乐乐？取悦他人，他人会乐，自己也得到快乐，大家同乐。

具体说来，取悦别人有四种方法：

（1）显示自己的良好形象

取悦者通常显示自己的良好形象来取悦对方。

这种自我显示并不是盲目地拔高自己，而是有一定目的性和方向性的，亦即取悦者大多是根据对方的期望来进行取悦活动的。在取悦方法当中，谦虚是重要的一种。

虽然有的时候自我拔高、自我美化也是一种很好的取悦方法，但是当取悦者知道目标者的能力比自己强，或在其他方面与自己相比有较大优势时，他们更喜欢故作谦虚。故作谦虚或者真的谦虚，能够满足对方的虚荣心，这样也就达到了取悦他人的目的。为了取悦对方而调节自己的情绪，这是一种比较普遍的做法，几乎人人都会做。比如，当你不高兴的时候，知道对方不愿意看到你的忧伤表情，你就故意在脸上露出笑容；当你高兴而他不高兴的时候，你就得显得忧郁一些，以免引起对方的反感。为了显示一个取悦于别人的自我，你就得调节情绪、控制情感。

你越会自我显示，就越说明你的气质好，就越说明你的情商素质高。

（2）给人以恩惠

你在施予别人以恩惠的时候，要让他感到你在关心他、帮助他或惦记他。你要让他产生你对他是真的好的感觉，你要让他产生对你好的感觉。

能给人恩惠，其实也就等于是给自己恩惠。因为，你在付出的时候，同时一定在得到。这种得到不是物质上的，而是精神上的。因为，你在付出的时候，你会笑，你会感到自己的高尚。这种想法，就是你的收获。

给人恩惠，也是提高气质技巧的一个方法。

（3）善于赞美他人

平时，当有人对我们高度评价的时候，我们往往很难抵御自己心中对这个人

好气质是这样养成的

的喜爱。

人就是有这种心理。如果我们善于把握这种心理,那么,我们就会大大方方地夸奖别人、赞美别人。在这种时候,我们的夸奖与赞美,会对我们有利。当然,夸奖与赞美的时候,一定要做得真实可信,不要让人觉得你在故意谄媚。否则,效果可能适得其反。当你想证实自己的时候,恭维会很有效。而且,有趣的是,如果你在恭维别人的时候,能够适当地表现出对恭维这种东西的不屑,效果会好得多。

这种心理,是普通而正常的,赞美也是一样。

学会赞美,也是一种控制情绪的方法。如果一个人连赞美别人都不会,那就谈不上能够控制情绪、掌握气质技巧了。

(4)善于附和别人的观点

所谓附和,是指通过在观点、判断及行为上与目标者保持一致来赢得对方对自己的喜爱。

有两种附和,一种是区别式附和。也就是在一些不重要的地方对目标者表示异议,而在一些决定性问题上或紧要关头对他表示具体的附和。这种方法能收到很好的效果。因为当你把异议与同意混合起来之后,可以避免给人留下自己就是喜欢随声附和的印象。否则,你的附和就降价了。还有一种是明显附和,这种方式当然不会达到理想的效果。

有附和能力的人,即使是对人反感的时候,也能不表露出来。这就是气质控制能力的表现。

第六章 培养幽默感

5. 培养幽默感的方法

一、随机套用

随机套用法就是须先熟练地掌握一些与本人工作生活有关的幽默范例，然后加以灵活套用的说话技巧，最好能根据自己所处的环境特点即兴加以发挥。

随机套用法是先有了幽默故事，然后再创造一个话头，使二者天衣无缝地结合。在这里，最重要的是提高自己套用这些范例和自由转换这些范例的能力，套用的唯一要求是天衣无缝。

张大千是我国现代著名的画家。他额下留有长须，讲话诙谐幽默。一天，他与友人共饮，座中谈笑话，都是嘲弄长胡子的。

张大千默默不语，等大家讲完，他清了清嗓门，态度安详地也说了一个关于胡子的故事：

三国时候，关羽的儿子关兴和张飞的儿子张苞随刘备率师讨伐吴国。他们两个为父报仇心切，都想争当先锋，这使刘备左右为难。没办法，他只好出题说："你们比一比，各自说出自己父亲生前的功绩，谁爸爸的功劳大谁就当先锋。"张苞一听，不假思索地顺口说道："我父亲当年三战吕布，喝断坝桥，夜战马超，鞭打督邮，义释严颜。"轮到关兴，他心里一急，加上口吃，半天才说了一句："我父五缕长髯……"就再也说不下去。这时，关羽显圣，立在云端上，听了儿子这句话，气得凤眼圆睁，大声骂道："你这不孝之子，老子生前过五关斩六将之事你不讲，却在老子的胡子上做文章！"

好气质是这样养成的

听了这个幽默的故事，在座的无不大笑。

张大千巧妙地套用了关于胡子的幽默故事，不仅使自己摆脱了众矢之的的困境，而且也反击了友人善意的嘲弄。这就是运用"随机套用"法的妙处。

在一次宴会上，肖伯纳身边坐的是一位有钱的纺织厂老板娘。这位肥胖的老板娘带着妩媚的笑容问肖伯纳："您知道有防止肥胖的办法吗？"

肖伯纳摸着胡子，故意装出一副非常郑重其事的样子说："我知道有一种办法，但是怎样也想不出法子把这个词翻译给你听，因为'干活'这个词对你来说，是个外国词呀！"

肖伯纳随机套用了"干活"这个词，让富有的老板娘闹了个大红脸。

掌握一些现成的幽默的语言、轶事、故事之后，不但要做到不为所制，而且更重要的是灵活地自由地套用它，来说明自己的观点，解决自己面临的困境。这时，要有一种大加发挥的气魄，切忌拘谨。而在发挥时，就不仅是套用了，而是创造幽默了。

二、远近联想

成功人士在进行幽默思维时，把两件表面似乎毫无联系的事物牵扯在一起，从不协调中产生新的协调，从而产生幽默，我们不妨把它叫做"远近联想"。可以说，远近联想是幽默思维的基本要素，也是创造性思维的重要因素。

著名的法国钢琴家乌尔蒙，年轻时的一天，他弹奏拉威尔的名曲《悼念公主的孔雀舞曲》，节奏太慢，正在听他弹奏的拉威尔忍不住地对他说："孩子，你要注意，死的是公主，而不是孔雀。"

这里，拉威尔就采用了"远近联想"的方法，将公主与孔雀这两种原来互不相关的事物，出人意料地联系起来，使人们产生惊奇，在笑声中意会到拉威尔话语的真正含义。

拉威尔对乌尔蒙的演奏"节奏太慢"，并不是采取直接批评的方式，而是采用巧妙的暗示："死的是公主，而不是孔雀。"这样，使演奏者首先得回味一下，拉威尔的话到底是什么意思。弄清楚了，便意识到自己处理作品中的失误。应该加快速度，快到什么程度呢？拉威尔的话给了提示：是孔雀舞曲。演奏者的脑海中定会浮现出美丽的孔雀翩翩起舞的英姿。拉威尔的旁敲侧击，使乌尔蒙明白了自己的毛病所在。"远近联想"法的说话技巧是可以学到的，只要你在脑子里排除一般的常规的联想和专业性的联想，那么剩下的联想便可称为远近联想。你也不妨试一试。

三、拟人幽默

作家们创作童话、动画和寓言时，常用拟人化手法。在幽默里，能从童话王国、动画世界和寓言故事里寻找出幽默感觉。

现在，唐老鸭、米老鼠、大灰狼和泰迪熊都已变成了"世界公民"，成为许多人的外号和代名词；还有黑猫警长，几乎成了警察的爱称。

为了表现和平这个永恒的主题，有人画了一头斗牛，却将两只犀利的牛角打成一只蝴蝶结，而且让牛悠闲地闻着一朵鲜花。

牛角是不可能打成蝴蝶结的，就像大灰狼不可能戴上一顶鸭舌帽一样，但是幽默感就是从这不可能中产生的。

拟人幽默法，是人与世间万物的交流和对话，使人与大自然更加亲切和谐，这也是幽默所要追求的一种效果。

一天，一位法国人去拜访他的英国朋友。当他走近朋友的住宅时，一条大狗窜出来对他汪汪吠叫。法国人吓得止住了脚步。正在这时，他的英国朋友出来看

好气质是这样养成的

见了他，忙说："不要怕，有条谚语说，'汪汪叫的狗不咬人'，你不知道吗？"

那位法国人马上答道："我知道这条谚语，你也知道这条谚语，可这狗……它知道这条谚语吗？"

这则幽默的绝妙之处就在于最后一句话上，法国人故意将人和狗相提并论，将狗人格化，把它当成了一个会思考的动物，从而既发泄了心中的不悦，又不失去礼貌。他所采用的幽默技巧，就是拟人幽默法。

从某种角度来看，我们不能说动物没有情感，但是动物毕竟缺乏动机。而拟人则赋予动物强烈的感情色彩和某种动机，把某些无意识的结果变成有意识的自觉行为，幽默往往由此而生。

请看下面一段对话：

——昨天你的马骑得怎么样？

——不太坏。问题是我那匹马太客气了。

——太客气了？

——是呀！当骑到一道篱笆时，它让我先过去了！

大家一听便知发生了什么事情，马把这位先生摔下来，并非有意为之，只是由于跨栏技术尚不达标。而主人把自己被摔的遭遇解释为马的"客气"。主人正是用拟人幽默法来追求一种自我解嘲的喜剧效果。

拟人幽默法不仅能够产生自我解嘲的效果，而且巧妙地运用它，可以达到嘲讽他人的强烈的幽默讽刺效果。

请看一则阿凡提的故事"驴的朋友"：

有一个新上任的县官，听说阿凡提机智，很不服气，扬言要把他戏弄一番。阿凡提知道了这件事，就自动骑着毛驴来到衙门，对县官说："我来啦！"

县官看见他和毛驴一同进来，故意大声招呼说："欢迎你们两位一同光临！"

阿凡提拍了拍驴背，毛驴昂头叫起来，又是甩蹶子，又是摇尾巴。阿凡提说："我的这头蠢驴在家说，它的朋友当了县官，非叫我带它来见见不可！"

县官涨红着脸说:"那是你的驴,同我有什么相关?"

阿凡提对毛驴说:"我叫你不要来吧,你的朋友一当了县官,就不认你啦!"

乡亲们一起大笑起来。

在这则笑话里,县官和阿凡提都同时使用了拟人法,把毛驴人格化。然而阿凡提技高一筹,活灵活现地把他的毛驴说成是县官的朋友,达到了嘲讽县官的幽默效果。

语言是人创造的,是人类的专利产品,因而人轻易不愿与动物享受同等语言待遇。但在某些时候、某些场合,不妨让动物说说人话,会别有一番情趣。不信,你试一试。

四、偷换概念

把概念的内涵作大幅度的转移、转换,使预期失落,产生意外;偷换得越是隐蔽,概念的内涵差距越大,幽默的效果越是强烈。幽默是一种情感思维方法,它与人们通常的理性思维方法有相同之处,也有不同之处。对于相同之处,人们不用细心钻研,就可以自发地掌握;而对于不同之处,许多幽默感很强的人虽然已经掌握,但不知其所以然,而幽默感不强的人则往往以通常的思维方法去代替幽默的思维方法,其结果自然是幽默感的消失。幽默的思维和通常的理性思维至少有两个方面是不同的。第一,在概念的使用和构成上;第二,在推理的方法上。这里主要讲概念在幽默中的特殊表现。

通常人们进行理性思维的时

候，有一个基本的要求那就是概念的含义要稳定，双方讨论的必然是同一回事，或者自己讲的、写的同一个概念前提要一致；如果不一致，就成了聋子的对话——各人说各人的。如果在自己的演说或文章中，同一概念的含义变过来变过去，那就是语无伦次。

看起来，这很不可思议，但是这恰恰是很容易发生的。因为同一个概念常常并不是只有一种含义，尤其是那些基本的常用的概念往往有许多种含义。如果说话、写文章的人不讲究，常常会导致概念的含义的转移，虽然在字面上这个概念并没有发生变化，在科学研究、政治生活或商业活动中，概念的含义在上下文中发生这样的变化是非常可怕的。因而古希腊的亚里士多德在他的逻辑学中就规定了一条，思考问题时概念要统一，他把它叫做"同一律"。违反了这条规律，就叫做"偷换概念"。也就是说，字面上你没有变，可是你把它所包含的意思偷偷地换掉了，这是绝对不允许的。

可是幽默的思维并不属于这种类型，它并不完全是实用型的、理智型的；它主要是情感型的。而情感与理性是天生的矛盾体，对于普通思维而言它是破坏性的东西，对于幽默感则可能是建设性的成分。

有这样一则小幽默：

"马修，细心点儿！"老师说，"四加四等于几？"

"等于八，老师。"马修很有把握地说。

"你是怎么算出来的？"老师又问。

"您把书桌的四个角都砍掉就明白了！"马修终于说出了答案。

偷梁换柱、答非所问，是指答话者故意偏离逻辑规则，不直接回答对方提问，而是在形势上响应对方问话，通过有益的错位造就幽默。答非所问并不是思维混乱，而是用假错的形式，幽默地表达潜在意图，形成幽默效果。

然而对于幽默感的形成来说，好就好在这样的概念默默地转移或是偷换。仔细分析一下就能够发现这段对话设计者的匠心所在。可以说，这一类幽默感的构成，其功力就在于偷偷地无声无息地把概念的内涵作大幅度的转移。有一条规律：偷换得越是隐蔽，概念的内涵差距越大，幽默的效果越是强烈。

这里有个更深刻的奥妙。

"您的批评无疑是正确的，我决心改正。"

"你这是第十次下决心了！"

"千真万确！这个批评我接受，我不再下决心了。"

偷梁换柱的结果，不仅是"虚心接受、屡教不改"了，而且是"拒绝接受、坚决不改"了。

又如：

"先生，请问怎样走才能去医院？"

"这很容易，只要你闭上眼睛，横穿马路，五分钟以后，你准会到达的。"

本来，人家问的是如何正常地到达医院，并没有涉及受了伤被送到医院去。可是回答却扯到你只要故意违反交通规则，就会受伤，而受伤的结果自然是被送到医院，回答虽然仍然是如何去医院，却完全违背了上下文的含义。

这好像完全是胡闹，甚至是愚蠢，可是人们为什么还把幽默当作一种高尚趣味来加以享受呢？

这是由于在问的一方对所使用的概念有一个确定的意思，这个意思在上下文中是可以意会的，因而是不必用语言来明确地规定的。任何语言在任何情况下都有不言而喻的成分，说话的与听话的是心照不宣的。没有这种心照不宣的成分，人们是无法讲话的。因为客观事物和主观心灵都是无限丰富的，要把那种心照不宣的成分都说清楚，如果不是绝对不可能就是太费劲了。

例如，当你向运动员发问什么门最难守时，你得赶紧声明我说的是具体的有形的运动中的一个专门防守的那种只有门框而没有门扇的门，那种门与我们通常嵌在墙壁中可以自由开关的门不同，与我们常说到的走门子的门的意义也不同，是游戏比赛用的那一种不完全是门的门。这样也许是比较严密了，但是却把本来简单的话变成了难以忍受的灾难。

事实上这完全不必要，在具体的语言环境中，人们并不需要像科学家那样对于每一个重要概念都给以严密的定义，明确规定其在含义和外部的范围；人们完全凭着互相的心领神会来进行交流，因而任何发问者并不需要详细说明自己所用概念的真正所指，对方也完全能心有灵犀，一点即通。因而发问者完全可以预期对方在自己的真正所指的范围内作出反应。

但是，幽默的回答却转移了概念的真正所指，突然打破了这种预期。预期的失落，产生了意外，这还不算幽默感的完成，幽默感的完成在于意外之后猛然的发现。

概念被偷换了以后道理上也居然讲得通，虽然不是很通、真通，而是一种"歪通"。正是这种"歪通"，显示了对方的机智、狡黠和奇妙的情趣。

概念被偷换得越是离谱，所引起的预期的失落、意外的震惊越强，概念之间的差距掩盖得越是隐秘，发现越是自然，可接受性也越大。

如果从这一标准来看，以上两个对话有不同的水平。第二则幽默在概念的转移幅度上是很大的，因而，引起的惊奇也是很强的；但是概念之间的矛盾隐蔽得并不算最好，因而并不十分意味深长。而第一个关于"守门"的则隐蔽得较好，读者的可接受性就更大些，而且在意味上也更深长些。单纯着眼于概念转移，即使再巧妙，也可能缺乏深远的意味而变成肤浅的、油滑的概念游戏。自然，游戏也有游戏的价值，但真正的幽默却总是比游戏要深刻一些。那些意味深长的概念转移，不但给人以趣味的享受，而且给人以智慧的启迪。正因如此，说后门比一切球门都难守作为一种幽默，就有比较深刻的认识价值、比较高尚的趣味了。

在许多幽默故事中，趣味的奇特和思维的深刻，并不总是平衡的，有时主要给人以趣味的满足，有时则主要给人以智慧的启迪；但是最重要的还是幽默的奇趣，因为它是使幽默之所以成为幽默的因素。如果没有奇趣，则没有启迪可言。有这么一则对话曾经得到研究者的赞赏：

顾客：我已经在这窗口前面待了30多分钟了。

服务员：我已经在这窗口后面待了30多年了。

这个意味本来是比较深刻的，但是由于缺乏概念之间的巧妙联系，因而很难引起读者的共鸣。这看起来很像是一种赌气，并没有幽默。服务员并没有把自己的感情从恼怒中解脱出来。相反的另一段对话：

编辑：你的稿子看过了，总的说艺术上不够成熟，幼稚些。

作者：那就把它当作儿童文学吧！

这时作者如果赌气或者谦虚一下，就会利用概念转移法把自己从困境中解脱出来。他这样回答不但有趣味，而且又有丰富的意味让对方去慢慢品味了。因为被偷换了的"儿童文学"的概念，不但有含蓄自谦之意，而且有豁达大度之气概。

五、敌意幽默

敌意幽默是一种通过表面上表达敌意或者不满，而达到实际上表达赞美、认同的一种幽默手法。这种幽默因其表达的问题和表达的方式的敏感性而不易运用，而且如果对方不是一个很具幽默感的人，那么这种幽默的表达方式还有可能引起误会，造成不愉快。

事实上有关幽默力量本身的许多矛盾之处，都显示我们只有对所爱、所关心的人运用时，才能使敌意的幽默得到有效运用，并产生好的结果。这种敌意的幽默常常以女性为对象。

公司里的职员有时开玩笑说到女人的奢侈。一个人说："就算皮包里层是捕蝇纸做的，我太太的钱也不可能留在皮包里。"另一个人说："我太太她承认她喜欢花钱，但是叫我不要用'奢侈'这个字眼来说她，另找个新字好了。"

这类幽默从表面上看来似乎是很损人。但是我们从另一个角度来看，这些职员其实都很爱自己的太太，并且以她们为荣，他们实际上表达的意思是自己的太太比别的妇女穿着更好、更具魅力。他们以太太的奢侈为幽默的素材来表示对太

太的爱和以她为荣,并且以此代替直白的夸耀。或者你也可以这样说:

"我们的孩子也应该和我们从前一样去学习性知识——从厕所墙壁上。"这句带有讽刺意味的妙语,能帮助他人了解并接受你话中的含意——"有性教育总比错误的性知识来得好"。

敌意幽默的效果在于使他人能集中注意力听你说话,记住你所说的,并且也能使谈话活泼进行,便于意见的表达。

不过,运用敌意幽默一定要谨慎。有时候,我们需要用到一些理智的思考,但还是很容易流于残忍和刻薄。而且更有甚者,敌意幽默表面所带有的轻微的侮辱也极易刺伤他人的心,使人陷入焦虑之中。

也有人善于恰当把握敌意幽默并有效运用它。例如格鲁丘马克思称得州人为"他妈的北佬",使得州人听了哈哈大笑,因为他深谙敌意幽默之道。但是即使是此中老手,偶尔也会有失败的时候,并因此造成听者极不愉快。所以,敌意幽默要尽量少用,初学幽默者更要慎用。

六、自相矛盾

"矛盾"这个词本源于《韩非子》中那位卖矛和盾的生意人,表示事物之间的强烈冲突,有很强的喜剧色彩。现代生活中,我们常说的自相矛盾是指人物言行不一,言语前后冲突,行为相互抵触。

生活中这样的现象十分常见。这样的自相矛盾已经令人好笑了,但还缺少一种强烈的对比性。为了使戏剧性更强,取得更好的幽默效果,可以采用这样一种方法,就是在矛盾对转以前把即将转化的矛盾加以强调,以耸动别人视听。

有一小孩儿饿得直哭。父亲安慰他说:"你要吃什么?尽管告诉我,哪怕是龙肝凤胆也好,我都拿来给你吃。"孩子说:"那些我都不要,我只要饭吃。"父亲骂道:"不懂事的家伙,只拣家里没有的要。"

这位父亲真是好笑,穷得连饭都吃不上,还要振振有词地说给孩子吃龙肝凤胆，真是矛盾得可以。

生活中，有些人别出心裁，利用矛盾技法造句，为人们喜闻乐见。例如：

"缺什么都行，就是不能缺钱。"

"什么都应有，就是不能有病。"

体现幽默艺术的方式还有很多，如果你留心观察，就会发现生活中很多人、很多事都洋溢着幽默的气息。

一个嗜赌如命的赌徒，他为了从赌场上赢回输掉的钱财，熬更守夜，孤注一掷，最后连裤子也输掉了。这时候他醒悟过来了，发誓戒赌。

他用笔写上"坚决戒赌"四个字贴在床头。一天，一位好朋友看到了床头这条诫示后，嘲讽地问："你真的戒赌了？"

"真的！"

"我不信。"

"不信？"赌徒瞪着一双通红的眼睛，大声说，"咱们赌三瓶二锅头！"

这里，用自相矛盾的方式展示了幽默的艺术，取得了鲜明、强烈的效果，让矛盾活了起来。矛盾若在不经意中产生，更为可笑和逗人。在运用自相矛盾的幽默技巧时，一定要沉住气，平稳自然，幽默效果更佳。

夜大正在上课，突然停电了。

黑暗中，老师对同学说："停电了，我们无法继续上课，请同学们稍候。电铃一响就放学。"

明明停电了，可还要等电铃响，艺术的效果油然而生。

由于自相矛盾的幽默有很强的表演性，所以利用此法幽默的最佳方式是实况展示。因此，喜剧作家往往根据生活素材，创造

矛盾人物。自相矛盾会使喜剧角色为掩饰自己千疮百孔的纰漏而疲于奔命，又顾此失彼，笑料迭出。也难怪类似"矛盾"、"此地无银三百两"式的故事经常被搬上舞台，且经久不衰。

七、语义误解

在谐音、语义、行为等方面故意误会对方的本来含义，使理解出现偏差，从而触动我们的神经。

先看生活中的一则笑话：

一位年轻的女教师在黑板上画了一个苹果，问学生们："同学们，这是什么？"

学生们回答："老师，这是屁股。"

老师见学生们说下流话，很气愤，跑到校长室，说同学们骂她。

校长来了："同学们，谁叫你们侮辱老师？你们看，谁还在黑板上画了一个屁股，这是谁干的？"

老师的画技不高，致使学生们与校长的理解错位，从而触动了我们的笑神经。

引起误会的情形很多，有些是语音方面的，有些是语义方面的，有些是行为方面的。

下面这个语音误会，是不同民族语言交流过程中发生的错误理解。

一个到中国来的英国人去商店买钢笔，而售货员是位老太太，不懂英语。

英国人说："pen."

老太太拿出脸盆给他。

英国人说："No."

老太太说不漏，"刚进的怎么会漏呢？"于是照光线，试水，说不漏。

没法交流，英国人走了，临走时说句："goodbye."

老太太也很礼貌："过天来买？也行。明天来买。"

语义方面引起的误会见下例：

第六章 培养幽默感

一个年轻人常在街上行乞。一天,一位贵妇人对他说:"你这么年轻,实在应该到工厂去。"

"我去过很多工厂,夫人。"乞丐说,"可他们什么也没给我。"

"到工厂去"有两种含义,两种含义分别被两种人理解,造成语义误会。

有些语义误会,是由说话者本身表达不明确造成的。

刘大这天请客,相约的张三、李四、王五、赵六等人中,只有赵六没来。

到吃饭时间,刘大外出张望,说了一句:"该来没来!"

张三觉得刘大话中有话,就想:难道我不该来却来了。于是他走了。

刘大奇怪,就说:"不该走的又走了!"

李四就觉得该走的可能是他,也走了。

剩下的王五、赵六两人都说刘大:"老兄,你怎么这么说话呢?你看,他们都走了。"

刘大很委屈:"我说的又不是他俩。"

王五、赵六都愤愤然:"原来你是说我俩啊!"

行为方面引起的误会在生活中就更多了。

一位老人对街上一些年轻人的穿着很是反感。他对身边站着的人大声说:"看那位,不知是男是女?"

"女的,那是我女儿。"

老人抱歉地说:"啊,对不起,我不知道你是她母亲。"

这人厉声喊道:"我是她的父亲!"

生活中,很多利用误会技法来假装糊涂、调节气氛的幽默,收到了很好的效果。以下便是两例:

经理见一个烟鬼总是在工作时抽烟,便想了个办法,在墙上写了几个大字:"工作时不准抽烟!"

谁知这烟鬼依然如故。经理只好当面指指墙上的字对他说:"先生,哎!"

"看见了，经理。"烟鬼说，"您瞧，我从来都是在抽烟的时候放下工作的。"

还有这样的幽默：

法官："为什么你拾到这批贵重的戒指不交给警察或是失物招领处呢？"

被告："我倒是有过这个念头，法官大人。可是，当我看到戒指上刻得非常清楚的那句话时，我便打消了这个念头。"

法官："那是句什么话。"

被告："永远属于你。"

6. 幽默要讲究时机和场合

言语交际的失败大多与滥用幽默有关。滥用幽默不光使自己陷入尴尬和困境，而且导致别人轻视你，使你丧失人格价值。在众人的目光中，喋喋不休者仿佛如小丑一样可笑，故作幽默者更胜过小丑。因而我们运用幽默时，千万要注意时机和场合。

幽默要讲究时机。英格兰人常说：尽管幽默力量很重要，但它并不是生活的全部。当时机恰当的时候，你就去用它。

西方4月1日的愚人节，是捉弄人的节日。这一天，可能一个足不出户的小伙子突然接到姑娘约会的电话，一个姑娘突然接到不是父母的父母来信，一个人到澡堂洗澡衣服不翼而飞，一个学生去上课教室里却空无一人。谁都想在这无所顾忌的节日里高高兴兴地捉弄别人，而被捉弄的人发觉上当后也为实实在在地被人捉弄而高兴。

愚人节，一个人在街上散步，突然背后传来吆喝："请让开，便桶来了！"他急忙闪开，一辆自行车匆匆而过，上面是一个小伙子带着个漂亮姑娘。

如果上述事情不是发生在愚人节，而是发生在其他的时候，可能不但收不到幽默的效果，还会使他们觉得无聊，甚至引起他人的反感。可见，幽默不是随时都可以抛洒的。随着文明的进步、生活经验的积累，人们越来越清楚地认识到：幽默要讲究时机。

幽默，也要讲究场合。如果你仅仅把讲究时机作为幽默语言的准则，那就太狭隘了，因为要想成功地使用幽默，在讲究时机的同时还应当注意大环境。毫无疑问，讲究场合，才能把幽默运用得更恰如其分。

在发生重大事件的严肃场合，或者在葬礼上，不合时宜的幽默话语会引起别人的误解甚至怨恨。比如朋友正为失去亲人而伤心，你对在灵前落泪的朋友说："去世的那位先生一定是个个性强硬的人，你看，他现在从头到脚都是僵硬的。"这番幽默几乎可以肯定会受到痛斥。在庄重的社交活动中，任何戏谑的话语都可能招来非议。在庄重场合，如果你幽默起来没边没际，太过夸张，为追求效果而手舞足蹈、脱离自己的平常个性，也会让人反感，人家会觉得你虚伪浮躁，不够稳重。这会严重影响你的个人形象。

7. 幽默要注意对象

曾经不止一位幽默理论家这样告诫我们：观察对方的个性、好恶和心情，乃是成功施展幽默的窍门。的确，俗语说"一种米养百样人"。社会每个成员的性格、心理、教养都不尽相同，意趣更为千差万别，假如你对幽默参与者的个性不够了解，那么你苦心经营的幽默必会报废不少。

因此，在社会交际中，要视对象的不同，注意把握分寸，才能收到好的效果。比如一些关于盲人的幽默，对于真正的盲人就不适宜了。在社交生活中，我们应根据具体的环境、对象和氛围，采用适当的形式来表达恰当的幽默。

在图书馆门口，有一位男士开门让一位女士进来。

"如果你因为我是女的，所以开门让我进来，那就算了吧！"她说。

"不，夫人，"他回答，"我为您开门，是出于尊重您是个长者。"

所谓顾及听众，当然不是一种姿态，一种态度，而是幽默作为交际的艺术天经地义必须具备的前提条件。

幽默的群体性和共娱性特征是十分明显的。又由于群体是由个人构成的，因此能够娱乐甲的一句话，可能在乙听来是侮辱。如果你忽视了这一点，一味地强调自我的兴致和偏爱，丝毫不放弃个人的思路，那么，你的幽默将黯然无光。有关种族的幽默是最微妙、最难处理的。当你和一群人都是流着共同祖先的血液时，说说种族的幽默可能会减轻每个人心头的负担；但当一群人分别来自不同的种族时，使用涉及种族的幽默则会有很大的危险性。

注意对象，了解对象，才容易找到合适的幽默话题；适应对方的心理需要，才能真正达到沟通的目的。分而治之，是现代幽默的最为完美的战术。

最后要说的是，一个真正的幽默家首先要愿意接受他人的信息。当他人幽默地发表意见时，你有义务报以微笑，而不是冷言冷语来泼他一头冷水。因为，幽默并非某一个人的特权，它是整个社会的财富。笑具有传染性，为他人捧场，你的合作态度会得到由衷的感谢。只要气氛活跃了，该你施展幽默时，也会一路绿灯。

第七章
做一个谦谦君子

1. 人际交往的原则

在现实生活中，有些人似乎朋友遍天下，走到哪里都受人欢迎，无论在何种场合，都能和人谈得如火如荼，使人有相见恨晚之感；而有些人则好像世人都欠他五斗陈年大麦似的，没有人愿意和他说话，更没有人愿意和他交朋友。

假若我们把前一类人称为谦谦君子的话，想来没有人不愿意成为谦谦君子，即使你也和爱因斯坦一样觉得自己需要孤独。

那么怎样才能使自己成为谦谦君子呢？这个问题得从人际关系入手，人是社会的人，必然和社会发生各种各样的关系。因此，人与人之间就必然进行交往。在人际交往中，有些人因表现出较佳的气质而受到普遍欢迎，而另一些人则因自身素质低下而不受欢迎。因此．要使自己能给人一种"谦谦君子"的形象，就得在人际交往中下工夫。

所谓人际交往，就是人们在日常生活及社会实践中互相交流思想、感情和意见的过程，是人与人之间进行相互接触、进行物质、和精神沟通的过程，也可以说是交换信息的过程。我们在人际交往中要想能受人欢迎、广结人缘，首先必须遵循人际交往的基本原则。

首先，平等待人是人际交往的前提。心理学研究表明，人都有友爱和受人尊敬的需要，特别是青年人，交往和受尊敬的愿望都非常强烈。而交往和受尊敬是对等的，你有这方面的需要，别人同样有这方面的需要。只要是正常人，都希望得到别人的平等对待。没有人会真正愿意和那种妄自尊大、趾高气扬、藐视他人的家伙交朋友。

其次，互惠互利是人际交往的又一基本原则。人与人之间进行人际交往的目的是充分获得人生经验，促进自身的发展；因而在交往中，交往双方均希望为对方所关心、所注意，均希望得到对方的支持和帮助。因此在交往中就应该关注对方的需要，要在满足自己需要的同时，尽量为他人做出尽可能多的贡献，提供尽可能多的帮助。只有这样，交往才可能顺利地发展。

再次，在人际交往中要讲信用。信用是人际交往的基础，古往今来的人们都把人际交往中的信用看得非常重要。《论语·述而篇》中说："人而无信，不知其可也。"《孟子》中则说："信者，为友之基础。"一个人讲信用，别人才敢相信他，才愿意与之交往。我们不难想象一个常常言出不践的人，有谁愿意和他交朋友。

最后，在人际交往中还要学会宽容。俗话说，"金无足赤，人无完人"。因此，在人际交往中要容忍对方的缺点，将心比心，善解人意，切忌斤斤计较、患得患失，容不得对方任何缺陷。只有这样，你才可能朋友遍天下。

2. 拥有一颗平常心

《实话实说》节目曾经讲述过一个普通美国人的故事。

五年前，美国青年丁大卫来到中国，在兰州一所普通的郊区小学教学。这个美国青年因为为人热情真诚，教学生动认真，深受欢迎，后来当上了校长。

最初，学校给大卫定的工资是每月1200元人民币。大卫去问别人，1200元

好气质是这样养成的

在兰州是不是很高，别人告诉他是算高了。于是，大卫主动找到校方，要求把工资降到900元。学校一再坚持，大卫不同意，他说："怎么也不能超过1000元。"最后，学校给他每月950元工资。

主持人崔永元问大卫每月工资够用吗，大卫说："够了，我每月的钱除了买些饭票，就用来买些邮票，给家里打打电话，三四百元就足够了！"

别出心裁的编导在做这一期节目时，还让丁大卫带来了他所有的家当：一只帆布袋，还不及我们平常出门旅游背的那么大。更让我们怎么也想不到的是，这便是一个美国青年在中国生活五年积累下的我们肉眼看得到的财富。崔永元让丁大卫向大家展示一下他的家当，大卫的脸红了一下，打开了他的帆布袋，里面是这些东西：

一顶大卫家乡足球队的队帽，他戴着向人展示时，可以看见他眼里的骄傲；

一本相册，里面是他的亲人、朋友，还有他教过的学生的照片；

一个用精致相框镶好的一家人温馨亲昵的合影；

两套换洗的衣服，其中有一件军装上衣，那是大卫爸爸年轻时当兵穿过的，已经有整整40年的历史了；

一双未洗的普通的运动鞋；

几件以饭盆、口杯、牙刷、剃须刀为阵容的生活必需品；

还有一面随身带着的鲜艳的五星红旗。

当崔永元问丁大卫在中国感觉苦不苦时，丁大卫说："很好，比如这次你们中央台就让我这样一个平凡的人来做嘉宾，而且还让我坐飞机，吃很好的饭菜。"

崔永元有些不好意思地脸红了，他幽默地说："我觉得你挺像我们中国的一个人：雷锋！"

丁大卫想了想，说："还真有点儿像。"观众们轰的一声善意地笑开了。"只是，雷锋挺平常的，他只是一个凭良心做事的人，这样的人不应该只有一个，每个人都应该做得到的！"他认真地补充道。

第七章
做一个谦谦君子

丁大卫所做的一切，看起来都是那么的平淡无奇，然而却给其他人带来了实质上的帮助和精神上的震撼。他想要追求的，不过是将自己所知道的知识传播给上进好学的孩子们，不过是一种平淡平凡的人生。然而在物欲横流的现实社会中，他的平常心却显得弥足珍贵。一颗平常心，做些寻常事，事事平常，则事事不平常。

平常心并不是不思进取、没有追求，而是在复杂的生活中简单做人，在是是非非中真诚做人，在怀疑和否定横飞时做一个好人。

平常心并不是看破红尘、消极遁世，而是在平常心中求上进，以静制动，以退为进。以一颗平常心对待利益得失，以一颗平常心对待成败起伏。非淡泊无以明志，非宁静无以致远。

平常心并不是特立独行、曲高和寡，不是将自身置于众人之外，仿佛救世主一样高人一等，而是用一颗包容的心来消除自己与外界的距离。

平常心并不是清心寡欲、万事俱空，而是在平常中寻找快乐，像一个凡人那样活着，像一个诗人那样体验，像一个哲人那样思考。

担任中国作协主席长达24年的巴金辞世后，新华社电讯说："他的去世，是中国文学一个世纪的结束。"刘若愚曾经说："巴金的文字是最简单的，甚至人称代词的重复让初读者觉得枯燥乏味，但这就是他独特的感染力，他让我们在梦想时激昂和在伤感中沉沦。我们总是要在风花雪月中兜一大堆圈，才能看到生活的原味是什么。"

巴金是划时代的大家，在他去世后，他的女儿李小林明确拒绝上海作协设立"巴金文学奖"的提议，因为巴老生前不仅阻止政府拨款重修他的故居，也一直反对任何以他的名义设立文学奖项。这样淡泊和谦逊的人，将在

好气质 是这样养成的

日本获得"国际著名文化人士奖"所得的500万元奖金捐给上海文学发展基金会；拒领文革后再版著作的所有稿酬，委托出版社捐给生活困难的作者；组成"忏悔小组"，这是20世纪中国出现的最可珍贵的公共知识分子群体。

不计较名誉，不计较利益，不计较得失。巴金先生的一生，看似平常，却又充满着不平常的令人敬佩的光芒。没有一颗平常心，就不能在风浪面前坦然自若，就不会在颠沛流离中毫发无伤，就不会在生活的平淡中品尝人生的真谛。真味只是淡，至人只是常。

平常心就是不浮躁、不势力、不矫情、不得意、不狂喜、不傲慢、不计较、不迷茫、不沮丧、不焦虑、不恐惧、不绝望、不见异思迁、不汲汲于功利、不患得患失……能用从容和淡泊的态度去面对挫折、面对困难、面对失意、面对成功、面对顺境、面对宠辱。

平常心是一种境界，万事万物了然于胸。在达到这种境界之前，心路常常有极为坎坷的历程，历经了险峰和幽谷，饱尝了世事沧桑。平常心不仅使人具有大海一样的气度，狂风暴雨之中，惊涛骇浪，可大海深处平静如旧；还使人稳重如山，即使松林翻滚，可山岿然不动。以静来制动，以不变来应万变。以如此胸怀去实践人生，将无所畏惧，所向披靡。

平常心是一种宠辱不惊的状态，对待任何突发的情况都会泰然自若。世上有太多纷扰让我们无法获得内心的平静，有太多的忙碌紧张让我们无法逃避。常常地，内心那股压迫人心的力量，使我们一天到晚就像陀螺一样转个不停，因而时时感到焦躁不安，成为了物质与欲望的奴隶。倘能以一颗平常心来对待所有这一切，便可以自己掌握主动权，不至于陷入芸芸众生的苦恼轮回。

平常心是尘世中的微笑，是物欲中的淡泊，是风浪中的平静，是困厄中的坦然，是平常事物中的朴素哲学，更是伴随我们一生的良药。

平常心贵在平常。波澜不惊，生死不畏，于无声处听惊雷。心昭日月，一身正气，两袖清风，堂堂正正做人。不管世人追求名或利，三千弱水，只取一瓢饮，

第七章
做一个谦谦君子

只追求自己所珍惜的那一份本真。

《五灯会元》里曾有这样一段公案,有僧人问景岑禅师道:"什么是平常心?"禅师回答说:"想睡就睡,想坐就坐。"僧人又说:"我不理解,这其中包含什么意旨?"禅师说:"热了去乘凉,冷了就烤火。"

平常心就是一种顺其自然。于简单之处发现奥妙,于平常之处感受美与和谐。佛家讲,一花一菩提,一叶一世界。一杯茶品人生沉浮,平常心造万千世界。如此一来,便应了无门和尚所言:"春有百花秋有月,夏有凉风冬有雪。若无闲事挂心头,便是人间好时节。"

平常心是随缘之心。就像海水,三年大旱,不曾减一毫,三年雨水,也不曾增一分。万事随缘,则少了许多无谓的争执,少了许多徒劳的争夺;万事随缘,则是顺其自然,等待花开了,再去领略那一分奇香。不夺,却可以得到最圆满的成功;不争,却可以掌握自己的方向。拥有平常心,就是学会了掌握自己。

平常心是坦荡之心。理智地看待人,正确地对待人,客观地评价人。首先摆正自身的位置,端正自己的态度。遇荣耀能谦虚,遇非礼能容忍,遇利益能谦让,遇小人能大度,以超然的心态对待世事。保有一颗平常心,也就是保有一颗坦荡之心,也就是学会了保护自己。

平常心是宽慰之心。人生在世,以平常心态生活,就能有个好心情。热爱生活,珍惜生命,必须从自身努力。平常心的人心情好,平常心的人快乐多。平常心能健心,平常心能健体,平常心是自身健康的良药,平常心是健康人的法宝。保有一颗平常心就是学会了爱护自己。

拥有一颗平常心,就可以摆脱名的困扰、

利的纷争，便能置身于一种超然忘物的境界；拥有一颗平常心，便可以不以物喜、不以己悲，便可以看破人生的大起大落，即使生活中偶有微波细澜，也能够做到心平气定、宠辱不惊；拥有一颗平常心，性情中就会少一分浮躁、多一分沉稳，思想就会少一分幻想、多一分实际，做人也就少了一分媚俗、多了一分自尊；拥有一颗平常心，就不会被欲望牵着到处奔跑，就会让脚步随心灵游走，就会让浮躁的心安顿下来，就可以体会鱼翔浅底、鹰击长空的洒脱。

知识链接

拥有一颗平常心，就可以摆脱名的困扰、利的纷争，便能置身于一种超然忘物的境界；拥有一颗平常心，便可以不以物喜、不以己悲，便可以看破人生的大起大落，即使生活中偶有微波细澜，也能够做到心平气定、宠辱不惊；

3. 给人留下良好的第一印象

对于那些和你初次打交道的人，你的第一印象会显得特别重要。有这样一个事例：纽约人事介绍所主管康伯特先生曾替某大公司招考5个推销员。投考者竟达到200多人。但是康伯特先生却用了一种大大出人意料的简便可行的面试方法——没有任何笔试，只是把报考者依次叫入口试室问话，当场便确定了被聘的5人。原来，康伯特先生根据投考者最初会见时的举止谈吐判断他是否注意给人留下良好的第一印象，结果发现80%的人对此毫不在意。有的一进门就好奇而惊惶地四处张望；有的毫不客气地在康伯特面前坐下，"好像准备由我请他吃一餐"；更有的人说话把唾沫喷到对方脸上。康伯特先生还故意在他们进来前在地上丢了一本书,希望有人能礼貌地拾起来,拍去灰尘然后轻轻地放到桌角上。结果只有12人这么干,而且其中有的人拾起后毫不客气地往桌上一掷。既不拍灰,拾取的姿势也不文雅。康伯特先生在长期的人事管理中得出这样一个经验:即给人以良好的第一印象是至关重要的。假若你忽略了这个给人留下良好的第一印象的机会,那么即使你"学富五车,才高八斗",也只有空余遗憾,因为中国有句老话叫"机不可失,时不再来"。因此,如果在此之前你还未意识到良好的第一印象的重要性,那么从今以后请切勿忽略它,留心你与人初次会面时的一举一动、一谈一吐,使人一见你就觉得你是个"谦谦君子",从而对你心悦诚服,愿意与你交朋友。

4. 宽容别人,善待自己

著名主持人白岩松在儿子出生时,给他写了一封信,作为儿子人生之始的礼物。他写道:"如果所有的美德可以自选,那么孩子,就先把宽容挑出来吧!在马上到来的世纪里,也许和平和安静很昂贵,不过,宽容能松弛别人,也能抚慰自己,它会让你把爱放在首位;宽容会使你随和,让你把一些原本看得很重的事情看得很轻;宽容还会使你不致失眠,再大的不快,再激烈的冲突,都不会在宽容的心灵里过夜。"

也许城市生活的快节奏,让人们的脾气越

来越急躁；也许现代建筑冰冷的风格，让彼此之间变得更冷漠；也许提倡个性的价值观让人们早已忘记，宽容究竟是什么？

宽容，有时是原谅他人无心犯下的错误，有时是不要把自己逼得太紧，有时是对无法避免的客观事实一笑而过。宽容别人，是对对方的一种尊重、一种接受、一种爱心，更是一种力量。宽容自己，是对心境的培养，是让自己学会拿得起、放得下，是让自己懂得生命中究竟什么值得去珍惜、什么值得去呵护。快乐就好，生活，本无须太多负担。许多难以预料的事情发生时，就在我们作出反应的一分钟内，是微笑还是横眉，是冷眼旁观还是古道热肠，往往可能改变事态发生的动向，甚至可能改变一个人的生活轨迹。

宽容有时是一种爱抚。当孩子玩弄刚刚和好的面团，结果弄得浑身都是面粉时，你需要的，不是怒斥大吼，而是轻轻拍拍他的头，说："宝贝儿，你变白了真好看。即使没有白色翅膀，你也是妈妈的小天使。快去洗个澡吧，天使爱干净哦！"谁没有过童年呢？那些天真无知的孩提时代，不知道什么是前因后果，不知道什么是尔虞我诈，想做就做，想说就说，是最真实的生命。当你看见孩子们天真的笑脸，就像打开了自己尘封的记忆一样，宽容孩子无意间带来的麻烦，也是对自己所逝去的童年的一种补偿。

宽容有时是一个拥抱。当朋友刚刚和男友分手，与其絮絮叨叨说那个男人一堆坏话，不如紧紧拥抱一下伤心的女孩儿，告诉她爱情需要缘分，告诉她一个人的世界也会充满快乐，告诉她每天都要开心地生活，总会遇到自己的Mr.Right。

宽容有时是一次鼓励式的拍拍肩膀。当朋友缺乏勇气，不敢走上那聚光灯下的演讲台，冲他灿烂地笑一下，然后用力拍拍他的肩膀，无须什么言语，这本身就是一种信任、一种鼓励、一种期待。

宽容有时是一个微笑。当餐馆的店员忙得不可开交，一不小心弄错了你点的午餐，与其暴躁地大吼大叫不停抱怨，不如微笑一下说："没关系，我重新点一次。不过请快一点儿，谢谢！"急躁不是解决问题的办法，与其浪费时间进行无

第七章
做一个谦谦君子

聊的争吵，结果不欢而散，不如主动让一步。毕竟，心平气和的一句话，可以换来自己不生气、不激动，还有什么比这更值得呢？

宽容，也包括宽恕。对于曾经伤害过自己的人，对于曾经为难过自己的人，对于曾经怀疑或者否定过自己的人，与其总是在心头记下一笔陈年旧账，不如微微一笑，让往事随风而去吧。也许只是一点儿误会，也许只是一时冲动，也许只是浅薄的思维所产生的妒忌。没有什么憎恨与怨仇值得用一生去记忆，我们心灵的空间如此有限，用它盛满这一生中所有的激动、感恩、快乐和爱与被爱尚且不够，怎么舍得让那些烦恼挤占本属于我们自己的快乐呢？以一颗宽容之心去原谅、去宽恕、去包容，你会发现，朋友越来越多，路也越来越宽。正像安德鲁·马修斯在《宽容之心》中所说的："一只脚踩扁了紫罗兰，它却把香味留在那脚跟上，这就是宽恕。"

有位老师发现一个学生上课时时常低着头画些什么，有一天他走过去拿起学生的画，发现画中的人物正是龇牙咧嘴的自己。老师没有发火，只是和蔼地笑着说，要学生课后再加工画得更神似一些。从此之后那位学生上课时再没有画过画，各门课都学得不错，后来他成为颇有造诣的漫画家。

但是很多人对宽容还存在误解。

世界上什么东西是最大的？眼皮。闭上眼睛，世间不如意之事都看不见了，眼不见，心不烦，这是一种消极的逃避。但宽容决不是逃避。懂得宽容的人不仅会宽容生命中遇到的每个人，而且会宽容生活中的每件事。这种宽容不是退缩、不是放弃，而是从辩证的角度去分析，用平和的心态去面对，从积极的角度来给自己信心。懂得宽容的人是不会轻易去揭过去的伤疤，他们懂得宽容，学会了忘记，享受了宁静，找到了方向。

忍一时，风平浪静；退一步，海阔天空。息事宁人往往被鄙夷地叫做"好好先生"。但宽容决不是懦弱。对于别人的过失，必要的指责无可厚非，但若能以博大的胸怀去宽容别人，就会让世间少一些摩擦和磕碰，多一些和谐与平静。彼

好气质是这样养成的

此都以宽容之心真诚相对，世界就会变得更美好。

对别人宽容不是纵容，不是没有原则，不是因为心慈手软才网开一面。对自己宽容，不是放纵自己的欲望，不是娇惯自己的任性，不是得过且过放任自流毫无追求。宽容，就像熬汤，只有火候合适，掌握好度，就可以使尴尬的局面变得轻松、使迷途的浪子痛改前非，使事业多一分从容、使生活多一分美好。

一位德高望重的长老在寺院墙边发现一把座椅，他知道有人借此越墙到寺外去。长老搬走了椅子，自己在这儿等候。午夜，外出的小和尚爬上墙，再跳到"椅子"上，却觉得"椅子"不似先前硬，软软的甚至有点儿弹性。落地后小和尚定眼一看，才知道椅子已经变成了长老，原来他跳在长老的身上，长老是用脊背来承接他的。小和尚仓皇逃跑，诚惶诚恐地等候着长老的发落。但长老并没有这样做，也从未提及这件"天知地知你知我知"的事。小和尚从长老的宽容中获得启示，收住了心再没有去翻墙。通过刻苦的修炼，他成了寺院里的佼佼者，并在若干年后，成为这里的长老。

一个微笑、一个拥抱往往是宽容的肢体语言，但宽容在更深层次上，是一种心态、一种价值观、一种理念。宽容，有着更深刻的内涵：

宽容是一种胸怀。古语讲：宰相肚里能撑船。一个有着博大胸怀的人，不会斤斤计较个人得失，不会为生活工作中的小摩擦而耿耿于怀，不会为世间繁杂的恩怨是非纠缠不清。一个善良、乐观、博爱的人，总是会保持一种谦逊和豁达，他懂得"海纳百川，有容乃大"，他能够理解他人，他能够善待人和事，他会把自己与周围的人和事协调地统一起来，从而达到契合。于是这种心态和胸怀或者说是品格，造就了一个众人敬仰的形象，成就了一番不朽的事业。

宽容是一种智慧。宽容别人就是善待自己，宽容自己就是善待生命。宽容了别人不但给了他们新的机会，也取得了信任和尊敬，能够与他人和睦相处。宽容自己，不要把暂时的成败放心上，不要因为一时的人生低谷而改变自己努力的方向。他明白，人情冷暖、功名利禄，不过是人生里毫无重要意义的附属。就像一棵树，只有不断削去旁枝末叶，才能够专心长主干，才能够成才。宽容，是一种特殊的智慧，它是一种洒脱、一种超然、一种豁达，非淡泊无以明志、非宁静无以致远。之所以能够看开世事纷扰，是因为他看得更高、更远。一个有着宽容之心的人，即使在阴云密布的天气，也会看到阳光灿烂的笑容；即使在漆黑的夜里，也知道光明就要来到；即使北风凛冽，他的心也是暖的。宽容，是一种看不见的幸福。

宽容是一种力量。它使人清醒、使人明智、使人坦然、使人明辨是非。它可以让人着眼于一生一世，而不是一时一事。宽容使软弱的人觉得整个世界都是自己的支点，使坚强的人觉得这个世界永远有温柔的港湾。沙漠中，宽容就是绿洲；悬崖上，宽容就是绳梯；绝望时，宽容就是新的希望、新的力量。

宽容更是一种无价的财富。拥有宽容，就是拥有一颗善良、真诚的心。宽容是一种爱，爱自己，爱家人，爱朋友，爱每一个素不相识的善良的人们，爱我们生活的世界。一生有宽容相伴，你会发现，生活永远轻松，天空永远蔚蓝，阳光永远灿烂，世界更加美好。

知识链接

宽容是一种力量。它使人清醒、使人明智、使人坦然、使人明辨是非。

5. 学会分享

有一次，7岁的乔伊想去见见上帝。他知道要到达上帝居住的地方要走很远的路程，所以他在手提箱中装满了巧克力和六瓶淡酒，踏上了旅程。

他走过了三个街区，看到一位老太太正坐在公园里全神贯注地盯着鸽子，小男孩儿挨着她坐下来，打开手提箱，拿出淡酒正要喝，却注意到老太太看上去很

好气质是这样养成的

饿，所以他给了她一块巧克力。她感激地接受了，微笑地望着他。她的笑是那么慈祥，乔伊想再看一次，因此他又给她一瓶淡酒。他再一次看到了她的微笑，乔伊高兴极了。

他们整个下午都坐在那里，边吃边笑，但是他们从未有过一句对话。

天黑了，乔伊感到十分疲劳，他站起身来离开。但是没走几步，他返回来，跑到老太太身边，紧紧拥抱了她，她给了他最美的一个微笑。

当乔伊推开家门走向自己的房间里时，他的母亲因为他脸上洋溢着的快乐感到惊奇。

她问他："你今天干吗了，这么高兴？"

他答道："我与上帝共进午餐了。"在母亲作出反应之前，他又补充道，"您知道那是什么吗？她给予了我曾经见到的最美好的微笑！"

与此同时，老太太也容光焕发地回到家中。

她的儿子看到她脸上安详平和的表情，好奇地问道："妈妈，您今天怎么这么高兴？"

她答道："我在公园里与上帝一起吃了巧克力。你知道，他比我想象中的要年轻得多。"

送人玫瑰，手有余香。当你施福于他人的时候，不仅你会感受到施与的乐趣、你给别人带来的快乐，而且也会使得自己深受感染，享受更大的快乐。

分享是一种美德。把自己的东西与别人一起分享，一些零食也好，一次愉快的经历也好，当你选择与别人分享，就是把他们放在了你心中重要的位置，想到快乐就会想到他们。

分享是一种需要。谁都不可能拥有世上所有的美好，如果每个人都有一个想法。我把自己的告诉你，你把自己的告诉我，那么我们每个人都拥有了两个想法，同理推知，如果每个人都能够分享，那么我们就可以拥有自己原本没有的东西，让自己和他人都更加幸福。

第七章
做一个谦谦君子

分享是一种境界。与广场的鸽子分享你的面包，与水池里的金鱼分享你的饼干，与朋友分享你的快乐、悲伤和成就。还有能够用来分享的东西，说明你的生活还有意义；还有能与之分享的人，说明你的周围还有朋友。

人的天性是乐于分享的，新生的婴儿不就与你分享了自己的微笑和天籁般的呢喃吗？只是随着我们慢慢长大，受到了某些不好的影响，受到了太多的伤害，学会了把自私当作一种自我保护。

不要以为自私就能给自己带来利益，自私带给你的只有孤立，这样的生活充满悲哀。不是吗？那些心胸狭隘的自私鬼，因为自私、贪婪，他们并不懂得分享的美好，他们总在与其他的自私鬼们为了各自的利益相互争斗，越争斗越自私，走入了一个可悲的循环。自私者总是把自己放在第一的位置，他们不会从对方的角度来考虑问题，更谈不上去尊重并重视对方了。让自己吃亏，别人受益，对他们来说简直是天方夜谭。在自私者看来，自己的东西永远属于自己。要想让自私者把自己心爱的东西拿出来与他人分享，简直比登天还难！自私者最擅长自己的小算盘，他们眼里看到的只是获取，付出对他们来说，是一种沉重的负担。自私者不可能和别人建立亲密的关系，自私心只会让他们成为一个事业失败者。

没有分享就不可能取得较大的成功，单凭自己一个人的努力无法创造伟业。你必须懂得分享，和家人、朋友甚至是陌生人共同分享生命中的美好。

一天，有个女孩儿在机场候机。在起飞之前她还有好几个小时时间，她买了一袋松饼后找了个地方坐下，拿出一本书专心致志地看了起来。她沉浸在书里，却无意中发现坐在她旁边的男人，竟然从她的袋子里抓起一块松饼。真无耻！

她想了一想还是算了,不要发脾气。没想到,那个人又拿起了第二块!当那个"偷饼贼"继续拿走她的松饼的时候,她越来越气愤,她想:"如果我不是这样宽容,一定打得他鼻青脸肿!"她每拿一块甜饼,他也跟着拿一块。当只剩一块时,她猜测他会怎么做。他的脸上浮现出笑意,并且略带拘谨,小心翼翼地,他抓起了最后那块甜饼,分成两半,递给她半块,自己吃了另一半。女孩儿从他手中抢过半块饼干,并且想:"啊,天哪,这个家伙还真紧张,还算是有良心,但他确实很无礼,为什么连感谢的话都不说一句?"她赌气似地吃完了半块饼,这时,她的航班开始通知登机,她如释重负般地松了口气,收拾起自己的物品走向门口,看都没看一眼那位"偷窃而且忘恩负义的人"。她登上飞机,坐到自己的座位上,打算继续看书。当她把手伸进行李包,却因意外而紧张得透不过气来。她的手摸到了那一袋松饼!原来自己才是偷吃了别人的饼却没想要道歉或者感谢的忘恩负义的人!那个先生,为了保持一个女孩儿的自尊,免得她窘迫不好意思,毫无怨言地与她分享了自己的松饼。

  与家人分享不难,与朋友分享也不难,难就难在与素不相识的陌生人分享。因为你们之间没有任何涉及付出和责任的关系,彼此的生老病死都不在另外一个人所关心的范围之内,因此一个能够毫无怨言地与陌生人分享食物、分享快乐,甚至只是分享一个微笑的人,必定是一个心胸博大、热爱生活的人。胸怀博大的人与普通人的区别就在于,他们能够克服自己自私的一面,至少能够表现出比别人少一点儿的自私自利。这也是为什么他们能够在生活的点点滴滴之中发现真、善、美的原因。

  分享代表着一种气度、一种胸怀,宰相肚里能撑船,正因为胸襟足够开阔,宰相才成其为宰相。只有你的心胸开阔,容得下世间万物,才有可能经受万般挫折;如果你心胸狭窄,连一粒沙土都容不下,是不可能有什么大成就的。

  在生活中,懂得分享就是把朋友和家人放在自己心中的重要位置上,当你快乐时就会在第一时间想到他们,当你取得成绩时就会在第一时间想到与他们分享。同样，当他们感受到了自己在你心中所占的重要位置时，也会把你放到同等重要的位置，于是彼此的情感就有了进一步的提升。在工作上，如果你能做到心胸开阔，学会分享和宽容，与同事同甘苦、共享乐，那么，你们的团队势必团结一致、活力四射，不仅在工作上更容易取得好成绩，就是你自己的生活也因此而感受到无限的乐趣。否则的话，只能搞得自己身心疲惫、备受挫折，也就难免遭受痛苦的折磨。懂得付出，学会分享，付出并不是你想象的那么痛苦。付出并不是利益的流失，它能为你赢得的，远远超乎你的想象。

学会分享，你的快乐也会带给别人快乐的感觉，你的幸福也是爱你的人的幸福，你的悲伤会有关心你的人给你安慰。我们分享所有的美好，我们分享所有的甜蜜，当快乐从一个人传递到两个人再到四个人再到更多，世界也就快乐了起来。把你的快乐告诉别人，你也将得到别人的快乐。将生命中的点滴幸福和快乐与人分享吧！生命因为分享而更加美好。

知识链接

学会分享，你的快乐也会带给别人快乐的感觉，你的幸福也是爱你的人的幸福，你的悲伤会有关心你的人给你安慰。

6. 设身处地地为对方着想

在一些尴尬的场合，或在一种比较不协调的气氛中，也许你的某一句话、某一种行为，要么起到调和氛围的作用，要么起到"点燃火药桶"的作用。假若你

好气质是这样养成的

设身处地地为他人多想想，必要时显得大度和宽容一些，那会使你的形象在他人心目中更完满。当你觉得你要生气或不愉快的时候，你不妨告诉自己一声："生气也没有用"；当你和人争论不休彼此都不相容让的时候，你不妨告诉自己一声："让他对自己也没有损失。"然后主动退出争论；当别人因为某些不当言行将遭受其上司或家长等的严厉斥责甚至惩罚的时候，你不妨告诉自己一声："帮他顶顶罪责，自己也没什么损失。"然后让对方免于尴尬或痛苦。这些都是你获得"谦谦君子"形象的好办法。只要你这样做了，事情就能因势利导地朝着你希望的方向发展。美国东海岸一家保险公司的职员中，有一位是最出类拔萃的，他的秘诀就是设身处地地为顾客着想，因而充分了解每一位顾客的心理：何时只能劝诱，何时该强行推销，什么场合该作广告宣传，什么场合只能偃旗息鼓，这一切他都能运用得恰到好处。因为他的推销往往并不让顾客为难，甚至使顾客感到他在替自己着想，自然地，他受到广大客户的普遍欢迎，因而业绩也做得非常突出。美国一位年轻的女教师也是从设身处地地为学生着想的角度出发，扭转了她和学生的恶劣关系，进而受到学生们普遍欢迎的。这位女教师出身于中等阶层家庭，而学生多来自贫民阶层，教学双方难以配合，学生甚至对她抱有敌意。有一天，女教师走进教室时，看见班上一个最调皮的学生正把一罐油漆喷到黑板上、墙上和讲台上，她顿时火冒三丈，正准备严厉处罚，忽然校长不期而至。女教师本想向校长报告一切经过，来个杀一儆百。可是，她忽然转念一想，她想到了该学生被赶出校门的不良后果，于是她向校长解释说他们正上公众学课程，教授如何消除在公众场合乱涂乱写的方法。结果，校长前脚刚走，教室里就响起一片欢呼声，女教师一下子成了英雄，赢得了全班孩子的心。相反，如果你在和人交往时尖酸刻薄，

158

不给他人留个下台阶的余地,那么非但使得对方尴尬,而你在他人心目中的形象也不会好。如果他也不是一个谦谦君子的话,那就极有可能再在其他人中间对你的这种缺点进行飞短流长。受了这种暗示的人们在和你交往时就会有意识地挑你的这根刺,于是你很快就会因为失去一个潜在的朋友而失去一大批可能成为你真正朋友的人。

7. 学会敞开心扉爱他人

　　爱自己,也爱别人,才能体现出生命的最大价值。这是追求成功者需要的心态之一。这些良好心态可以巩固和完善我们的优良品格。无论发生什么,都应该去直面生命,用健康的、快乐的、乐观的思想去直面生命,都应该满怀希望,坚信生命中充满了阳光雨露。

　　要学会敞开心扉爱他人,让仁爱之心就像玫瑰花儿一样散发芬芳。当关爱之心治愈疾病、为创伤止痛的时候,当那些与此相反的心态带来痛苦、郁闷和孤独的时候,我们就真正领悟到了博爱的真谛。

　　我们心中绝对不能有嫉妒和仇恨,也决不能让心灵受到各种不利情形的束缚;否则,我们必定会付出很大的代价。

　　当一个人对他人怀有不友善甚或仇恨的思想时,他就无法做好他的工作。人们的各种能力唯有在身心和谐的情况下才能发挥到最佳的水平。怨愤、嫉妒和仇恨可称得上是毒药,而这些毒药对我们身上那些崇高的东西又是毁灭性的。要记住,我们一定要用博爱的心态去化解敌意;否则,我们便无法做好我们的事业。

好气质是这样养成的

对他人怀有仁爱之心，是一种善意的情感。惟有如此，我们才能保持心境平和的状态，才能生活得很轻松，快乐、美好和幸福才会永远相伴。

有的人非常无私、慷慨、亲切、善良，有着高尚的灵魂，总是为他人着想，他们就像光明使者一样。这类人生来就是快乐的，无论身处的环境怎样，他们总是高高兴兴的，对任何事情都很满意。在他们的视力所及之处都是愉悦和美丽的。如同蜜蜂从每朵盛开的花朵中采集花粉那样，他们也拥有一种提炼快乐的法术，甚至可以让别人阴霾的天空充满灿烂的阳光。所有的大门都向这些人敞开，他们处处受到人们的欢迎。

常为他人着想的人是迷人的人。我们没必要对如何去感受他的伟大来作一番介绍。如果在一个失意的日子，你在大街上遇见这样的人，你就会觉得心情似乎好多了。

在英国的一所古老的庄园人们信奉着这样一段话："真正的绅士是上帝的仆人，是世界的主人，是他自己命运的主宰者。美德是他的事业，学习是他的娱乐，知足是他的休息，快乐则是他的回报；而所有需要他的人都是他的朋友；热忱是他的牧师，纯洁是他的侍从，节欲是他的厨师，温和是他的管家，好客是他的仆人，节约是他的出纳，仁慈是他的看门人，谨慎是他的搬运工，虔诚则是他家里

第七章 做一个谦谦君子

的女主人,这些人在最恰当的时候为他服务。这样,他的整个家都是由美德构筑起来的,而他就是这个房子的主人。这样的人必然会将整个世界带上通往天堂的道路。一路之上,他努力着,尽其所能,他给自己带来了灵魂的满足,给他人带来了心灵的快乐。"

仁爱的心使你的人生永不匮乏,帮助你激发力量、战胜困难,超越竞争者,把不可能变成现实。

我们经常会发现有些人做着一些对他人有好处、却对自己"毫无用处"的事情。我们也许会嘲笑他们,说他们傻。其实,他们才是真正聪明的人。向别人施予爱心,你终究会因此而得到回报。所以,也就等于向自己施予了爱心。正如印度谚语所说:"帮助你的兄弟划船过河吧!瞧!你自己不也过河了?!"人与人之间的互相关怀是可以治疗彼此的伤痛的。

《向导》杂志曾经刊登过这样一则登山事故:

有一个人遭遇到暴风雪,迷失了方向。由于他的穿着装备无法抵挡风雪,以致手脚开始僵硬。他知道自己时间不多了。

后来,他遇到另一个和他有着相同遭遇的人,几乎冻死在路边。他立刻脱下湿手套,跪在那人身旁,按摩他的手脚,那人开始有了反应。最后两人合力找到了避难处。

之后别人告诉故事中的主角,他救别人,其实也救了自己。他原本手脚僵硬麻木,就是因为替对方按摩而消除。挽救了别人,同时也救了自己。

知识链接

仁爱的心使你的人生永不匮乏,帮助你激发力量、战胜困难,超越竞争者,把不可能变成现实。

8. 乐于助人，助人为乐

在美国阿肯色州一家极为普通的乡下小旅馆里，发生了一件对哈克影响巨大的事情。这件事使哈克成为了一个青年才俊、百万富翁、酒店业界精英。原来有一天那里下起了瓢泼大雨，这雨一直下了一整天。哈克那天恰好在旅馆当值，他哼着歌看着眼前的大雨。忽然，前方的乡村公路上驶来一辆汽车，在旅馆前猛地停下，从汽车上走下两个老人，好像是一对夫妇，这对夫妇蹒跚着走进小旅馆。两个老人在柜台前停下，要求哈克给他们准备一套小二人间。对旅馆的情况了如指掌的哈克马上就答应了他们，并在他们擦去身上的雨水之后带他们来到一间精致的二人间看了看。两位老人很满意，就答应了下来。按照旅馆的规定，旅客在住宿之前要先在前台交费登记。那间二人间一天需要20美元，当哈克向两位老人要钱时，夫妇俩拿出几张信用卡要求哈克刷卡，可是小旅馆不办理信用卡业务。哈克十分为难地告诉了夫妇俩，两位老人看着户外的大雨，不禁发起愁来。然而，哈克却热情地告诉夫妇俩，他们可以先登记，以后回去再补交现金。就这样，两位老人在小旅馆落了脚，躲过了大雨。第二天雨一停，两位老人就离开了小旅馆。

事实上，为了让两位老人躲过大雨，同时不破坏旅馆的经营制度，哈克用自己的钱为夫妇俩垫付了房费。

第七章
做一个谦谦君子

　　三天后，还是那两位老人，他们驾车前来补交20美元的房费。但是，两位老人的目的远非如此，他们告诉哈克，他们是香格里拉酒店集团的股东，他们在波士顿有一家香格里拉酒店，现在正好缺少一名部门经理，他们希望哈克能够接受他们的邀请，加盟香格里拉。三天后，初次来到波士顿的哈克成为了著名的香格里拉大酒店的部门经理。四年后，他升任为这家酒店的总经理。

　　很多人帮助别人并不是为了回报，但是往往得到的却是丰厚的答谢。而那些冷漠的人，却永远得不到别人的帮助。

　　无独有偶，著名的企业家马克·格雷迪早年因为贫困，在小学毕业之后就开始打工生涯，曾担任美国华盛顿市一家大酒店家园套房旅馆的夜间核数员。一天晚上，马克接到一位女士的电话，她的父亲正住在家园旅馆。她提出一个特别的请求，第二天是父亲节，她想为父亲订一份他最爱吃的早餐：薄煎饼、鸡蛋、熏肉。

　　唯一的问题是，家园旅馆没有配套的饭店。所以，马克在早晨7点下班后，驱车到附近的一家饭店，按要求买了指定的早餐。他又另外买了一张卡片，用一支蜡笔在上面写道："来自爸爸的乖女儿。"然后他开车返回旅馆，把餐盒送到又是惊讶、又是感激的父亲手中。

　　从小我们就接受这样的教育，要"乐于助人"。这里的"乐"有两层含义：其一是快乐，是说帮助别人是一件快乐的事，帮助别人解决难题或者走出困惑，是对别人莫大的援助，既是将快乐重新给予别人，又给自己带来了快乐。其二是乐意、愿意。自愿自发的助人为乐是一种难能可贵的品格，助人的过程虽然需要有所付出，但更有收益，所以理性地衡量也要求我们乐意地去帮助别人。

　　例如，在公车上给行动不便的老人让个座，在电梯里帮手里拎满东西的邻居摁下钮，替忙于工作的同事带一份午餐……虽然都是再平常不过的日常小事，但换来的一个感激的微笑、一个鼓励的眼神，总能够给你一天的好心情。而且，我们通常所说的"人缘好"，就是从这些点点滴滴开始的。所以的确应该承认，助人不但使人快乐，更重要的是能够也给自己带来快乐！

好气质是这样养成的

帮助别人除了能够让自己快乐外，还能增加自己的信心。

李林在上大学的时候学习成绩不太好，只能算是中等。这对于一个有抱负心的年轻人来说是很糟糕的。尽管他在各门功课上都付出了

很多，但仍然收效甚微。一次次的失败使他的雄心壮志开始动摇，他变得有些自卑起来了。而这种心态显然更不利于他的学习，一个恶性的心理循环差点就葬送了这个年轻人的美好未来。

然而有一天，他的一个朋友想成立一个吉他协会，因为缺乏人手，邀请他加入。这件事对他来说是个转机。一个接一个的挫折让他对学习产生了厌烦的情绪，现在突然有一件完全不同的事情要做，恰好可以调节一下心理状态。于是，他很快地将精力转移到协会的组织工作上，积极主动地参与这个社团的各项事务，从成立筹备到活动开展，从第一个计划策划到总结反思。一个学期下来，他成了社团负责人手下最得力的干将，很多时候他能够独立处理一些事情，作出一些很明智的决策，许多新加入的会员都为能在他手下工作而感到荣幸和骄傲。

逐渐地，他的自信恢复了，而且因为充满自信和懂得了方法的重要性，他的学习成绩不但没有继续下降，反而不断提高。李林就是在帮助别人的过程中，找到了自己生活的转折点和方向，实现了自己的飞跃。

助人为乐自古就是中华民族的传统美德。帮助人的过程，不仅可以开发你应对新问题、新挑战的经验，也可以培养你与人同患难、精诚合作的精神；别人的

成败得失可以作为你的镜子，在帮助他人的过程中，你往往可以吸取对今后发展十分宝贵的经验和教训；摒除功利的思想，助人为乐，也是一个净化灵魂、升华人格的过程，以别人的快乐为快乐，以帮助别人走出困境为快乐，都是高尚人士所具有的品质。

当你对世界露出微笑，世界也会对你微笑；当你向别人伸出双手，别人也会在你危难的时刻伸出援手；当你给失意的人一个拥抱，别人也会在你彷徨迷茫的时候给你点一盏灯、指一条路。真诚地对待生活，真诚地帮助你的朋友、亲人、素不相识的人，甚至是曾经伤害过你的人吧！乐于助人，以助人为乐，人生将因助人而乐。

知识链接

当你对世界露出微笑，世界也会对你微笑；当你向别人伸出双手，别人也会在你危难的时刻伸出援手；当你给失意的人一个拥抱，别人也会在你彷徨迷茫的时候给你点一盏灯、指一条路。

9. 学会赞美别人

美国哲学家詹姆士说："人类本质中最殷切的需求就是渴望被肯定。"因此，就有大学教授将国家教委颁发的"优秀教育工作者"奖状挂在屋子最显眼、最醒目的地方；就有青年人结婚时要坐高级豪华轿车来炫耀一番……

既然人们渴望被肯定，我们就应该给予他们这些，它是促人向上的催化剂，它能使人朝气蓬勃，它是挖掘人们内在潜力的最好铁锹。也许一句真诚的赞美对

好气质是这样养成的

你来说并没有什么，但如果你将他送给别人，说不定就会照亮一颗心，从而引起对方的巨大改变。有这么一件事，一个男子对一个面孔冷冰冰的售货姑娘温和地微笑着，并感激地称赞她如此小心地包装了他所买的物品。这称赞显然大出姑娘意外，她在温和地道谢后，便换了一副愉快的笑脸向顾客服务。如果这位顾客不把他心中的感激表达出来呢？那就是另一种结果了。

有些人常常以为自己的想法别人能猜到。不习惯表达内心的情感，这是一个很大的失误。因此，要给人留下"谦谦君子"的形象，你一定要学会真诚地赞美他人，把你的想法中对别人的美好祝愿表达出来。

第八章
保持旺盛的精力

好气质 是这样养成的

1. 保持旺盛精力的启示

在现实生活中，有的人每天只有四五个小时的睡眠时间，但仍然精力旺盛；有的人虽然睡了十几个小时，远远超过医学上的标准睡眠时间，却还是成天哈欠连天、睡意浓浓。英国前首相丘吉尔每天只需 6 个小时的睡眠就能保证有旺盛的精力，而我国的毛泽东主席和周恩来总理，常常日理万机，有时甚至通宵达旦地批阅文件，却仍能保持旺盛的精力。这是什么原因呢？

根据生理学的观点，大脑在一段时间的工作后会出现疲劳现象，这时就需要休息，最良好的休息方式就是睡觉。心理学家发现：人的睡眠时间随着年龄的增长有递减的趋势。一般地，婴儿每天的睡眠时间为 20 小时左右，少年儿童的睡眠时间为每天 8 至 10 小时，一般成年人则必须保证每天 8 小时睡眠才能有旺盛的精力从事学习和工作。如果不能保证充足的睡眠，就将有损于人的身体健康。

根据联合国教科文组织的一项统计表明，迄今为止，本世纪全世界男人的平均寿命为 74.3 岁，而丘吉尔的寿命为 91 岁，毛泽东和周恩来的分别为 83 岁和 78 岁，都高出世界平均寿命一大截。那他们为什么能在并未保证充足的睡眠时间、同时亦不过度损害健康的情况下保持旺盛的精力呢？归纳起来，可以概括为以下几点：

一、对事情的积极态度

由于他们身为国家领导人，心里装着本国人民的利益，为了使他们所领导的国家早日繁荣富强，他们时时保持着对关系国家和民族利益的重大事情的积极态度。心理学家经过研究发现，当一个人的大脑处于高度紧张状态或注意力集中于某一点时，疲劳就要来得缓慢得多。你或许有过这样的经验，当你捧着一本深奥难懂的黑格尔哲学时，你会因为其枯燥乏味而迅速睡意蒙眬；而当你捧着一本内容起伏跌宕的武侠小说时，你却读得津津有味而乐此不疲。

二、会休息

丘吉尔以擅长打盹闻名于全世界。据说他在参加二战期间的几次重大会议时，经常在会前或会中休息时打盹。而毛泽东则有一个习惯，在他休息的时候，任何人都不能去打扰，否则他将大发雷霆。心理学家和医学家发现：人的睡眠可以分为浅层睡眠和深层睡眠两个部分。在浅层睡眠状态，人很容易做梦，而深层睡眠状态才是绝对意义上的休息。有的人浅层睡眠时间持续时间长，有的人则持续时间短。因此，同样睡眠8个小时者，浅层睡眠状态持续时间短的人其休息的有效时间就长；相反，浅层睡眠状态持续时间长的人其休息的有效时间则较短。因此，同样的睡眠时间，其休息效果会迥异。

一般地，自控能力较好，能迅速放下思想包袱的人很容易进入深层次的睡眠状态。诸如丘吉尔、毛泽东大约就属于这一类型；而思想包袱多，拿不起放不下的人则要经过一个漫长的浅层睡眠状态甚至半清醒的蒙眬状态后才能进入深层睡眠状态，那些容易患得患失的人不少即属于这种类型。这种类型的人往往容易患神经衰弱。医治的方法是：拿得起，放得下。

三、加强体育锻炼

强健的身体是保持旺盛精力的物质基础。在进行体育锻炼的时候应注意有张有驰，还要有恒心，长期坚持。

好气质是这样养成的

记住：旺盛的精力是成功的必要条件。有效地确保旺盛的精力则是成功的开始。

2. 培养健康的生活方式

身心健康需要平时点点滴滴的积累，它来源于健康的生活方式。现代文明，使许多人滋长了不文明的生活方式，这是健康的隐形杀手。

一个行动可以形成一种习惯，一个习惯可以形成一种性格，而性格将最终形成了我们的生活方式，并影响我们的生命前程。究竟什么是生活方式呢？

生活方式就是个人生活所采取的方式，包括习惯、价值观、友谊等等。健康的生活习惯是最可宝贵的。众所周知，吸烟、酗酒、饮食不良和缺少体力活动，以及孤独、压抑和敌对情绪，会导致和加重心脏病；而适当减肥，降低盐和酒精的摄入量、排除长期的精神压力可以降低血压，减少心脏病发作的几率。健康靠的不是得病时求医问药，而取决于平时点点滴滴的生活习惯，健康良好的生活习惯将最终决定你的生命质量。

现代生活是一把双刃剑，它倡导文明健康的生活方式的同时，也滋生出不少

隐患。曾经有一个时期，西方医学家发现一些与生活方式有关的"怪病"——周末松弛症、周末紧张症。原来，忙碌的西方人最初也不善于休闲健身，认为周末休闲无非是自由自在、为所欲为，于是或呼朋唤友、疯吃疯喝，或通宵达旦、跳舞娱乐……结果，仅在每星期一猝发心脏病的人数，就比其余几天高出几倍。因为周末生活安排不当而带来的多灾多难的周一，曾被医生称之为"黑色星期一"。如今，越来越多的人投入了健身休闲的领域，使自己的休闲时间的价值大大提高，积极健康的生活方式为现代文明社会注入了无数新鲜的血液。

3. 养成良好的饮食习惯

人的许多疾病与饮食习惯有关，"口味重"的人易患高血压、"狼吞虎咽"的人易患肠胃病等等。要拥有健康，活出好心情，必须养成健康的饮食习惯。

一、养成淡食的习惯

"饮食宜清淡"是古训，《黄帝内经》以来，历代的养生家都强调"饮食宜清淡"。何谓"清淡"，起初只把它理解为"素"。现在看来，这种理解未免有失偏颇。现代的解释是，以素为主，但"清淡"并不排斥荤，而是荤素搭配，以素为主。"清淡"、"油腻"相对应。另外，"淡"又与咸相对应。故"清淡"也包括"少吃咸"、"吃得淡"。这里的"淡食"这两层意思都有。盐虽是人体生命活动的重要物质，"不可一日无此君"，但摄入过多则有害，倒不是故意多吃，只是习惯使然。有的人有"吃咸"的习惯，"口味重"，患了高血压等病还不知其原因。但究竟吃多少盐才适合呢？

据生理学家观察，人体对钠的需要量每人每日不超过10毫克当量。长期的高盐饮食将对人体健康造成危害。据世界卫生组织调查发现，高盐摄入人群的血压水平也高，特别是高血压的高发年龄（40～54岁）的人群，高盐对血压的上升影响尤为明显。

二、杂食颐天年

人的祖先是杂食的，时至今日，杂食不应仅是人类的本能行为，也应成为一种科学行为。古人说得好："烹龙炮凤何足贵，劝君杂食颐天年。"杂食养生包含着深刻的科学道理，其中有些我们已经认识到，例如鸡猪鱼虾山珍海味尽管高蛋白质、高营养、饱口福，但吃久了，除了减弱胃肠功能外，还会患文明病——高血压、冠心病、动脉硬化、糖尿病、癌症、便秘等。植物性食物吃少了，也会患各种相应的营养缺乏症。有些道理还未能认识到，但古今中外的实践都告诉我们：杂食颐天年。在实际生活中，一般人对食物的营养成分是不够熟悉的，不可能对每种食物都进行分析、化验。也记不住各种食物的营养成分，做到每天吃多少碳水化合物，吃多少蛋白质、脂肪，吃多少维生素和矿物质。有人曾问过几位营养学家："你们每天吃饭，是否都计算好了各种食物的配比？"答复是：不是这样。那么究竟怎么吃呢？一个简单易行的好办法就是吃得杂一些，什么都吃一点儿，五谷杂粮、鸡鸭肉鱼、水果蔬菜、葱姜大蒜无所不吃，不挑食，不偏食。在每天的饮食里，有主食，有副食，有荤菜，有素菜，粗细兼备，荤素搭配。只要吃得杂一点儿，一般不会发生营养缺乏。现代营养学家提出忠告：吃得杂一点儿，要养成习惯。一些西方国家倡导人们要每天吃30种食物。

从我国目前的实际情况来看，每天尽量多吃几种食物，从树立概念到养成习惯。美国联邦卫生署建议：防病保健要多吃以下食物：

①多吃富含膳食纤维的食物；

②多吃鱼类；

③多吃海藻类食物；

④多吃卷心菜；

⑤多吃豆类及其制品；

⑥多吃大蒜；

⑦多吃真菌类食物；

⑧多吃深色蔬菜；

⑨多吃酪乳类食品；

⑩少吃脂肪。

我国卫生部门提醒全国人民，10种食物不宜多吃：松花蛋、臭豆腐、味精、方便面、葵花籽、菠菜、猪肝、烤牛羊肉、腌菜和油条。这些可作为我们选食时的参考。可见杂食也要选择，尽量做到根据营养互补原理配食。

三、是快餐速食，还是美食慢用

在一切都讲究、看重抢先一步的今天，风靡全球的快餐却在很多国家受到抵制。为什么有专家坦言：饮食的快与慢，甚至会决定人的寿命。这不是危言耸听。最近，国外传媒报道说，在美国、日本、土耳其等一些国家，健康与营养学专家一致在努力倡导新的饮食观念："想长寿吗？慢点儿吃。"当然，这一倡导不是针对某一个人一时的饮食而言的，而是冲着流行的"快餐文化现象"而提出的。

据说，如今在抵制快餐、倡导传统美食方面劲儿头最足的是土耳其，这个国家甚至向大众发起了"慢食"运动，一些关注国民健康的专家向餐饮业大量宣传"慢慢吃"的

好处，得到了热烈响应。很多餐厅里张贴了"乌龟吃饭"的标志，旨在鼓励顾客"慢慢吃"，充分享受土耳其的传统美食。其中的一句口号更是直截了当："吃得越慢，活得越久。"

快餐业的兴旺，是社会快速运转的产物。当今的人类社会，充分地认识到"时间就是金钱"、"速度就是效益"，因此，现在的很多领域，"抢先一步"仍然是成功的关键，是一种时髦机制。相伴而来的，是人类的生活内容包括饮食，也都速度化起来，于是快餐业快速兴起并迅速风靡全球，形成了全球性的"速食文化现象"。有专家形容说，飞速发展的社会，把每个劳动力甚至幼小儿童，全都变成了"速食的奴隶"。的确，曾几何时，大人孩子几乎同时对汉堡包、炸薯条之类速食兴趣盎然，进而推动着速食店不断地"推陈出新"、"花样翻新"。结果呢？专家比喻说，速食，使吃饭成为"塞饱肚子"的唯一目的，人们无需考虑口味好不好，也谈不上饮食的享受，更重要的是，长期吃单调速食，导致了人体所需的营养的失衡，近期看来是营养不良，远期着眼则是让人折寿。

早在1986年，一群意大利记者就发出了抵制速食文化、倡导"慢食"的活动，其目的比较单一：追求饮食享受。因为这些记者不是营养学专家，他们还无法从营养学、健康学乃至生命科学的角度来认识速食的弊端。不过，尽管如此，这样的倡导依然获得了大众的普遍响应，而且这一观点很快蔓延至全球，当时，30多个国家有大约7万家餐厅积极配合，使"饮食复古"蔚成一股国际之风；而且，当时参与"慢食"活动的餐厅也都张贴了"蜗牛慢步"的标志，鼓励消费者慢慢享受美食。

现在，由于营养和健康学专家的参与，使得抵制速食、倡导"慢食"的活动更导入了一系列不算新鲜、但却被人们忽略多了的观念：人体内营养的均衡，就好比一架机器零件的齐备，零件"七零八落"肯定无法运转。而人体的营养全靠饮食摄取，饮食的单一必然导致营养不均，其结果是影响健康，不利长寿。这些专家甚至列举"快餐综合症"的种种表现，从而激发人们摒弃口味千篇一律的速食，回归丰富的传统美食习惯和美食文化，并启发人们懂得"吃得越慢，活得越久"的道理。

良好的饮食习惯，对于人体健康是一种无法替代的营养剂。

4. 科学地安排好一日三餐

人体所需要的各种营养物质，一般都要从日常饮食中摄取，因此一日三餐对人体健康是十分必要的。只有调理好了一日三餐，才能合理摄入营养，达到营养平衡，从而拥有一个健康的身体。一日三餐对人体十分重要，那么该如何调理好一日三餐呢？

一、吃好早餐

一般来说，人们每天上午工作、学习效率的高低，对完成全天任务影响很大。早餐吃好了，上午的效率就高一些。反之，一上午的工作、学习都会受到影响。例如，一个体重不足50公斤的青年女性，一上午工作和活动需消耗热量4937焦耳左右。如果早餐不足或不吃早饭，就容易出现头晕、心慌等现象，严重者还会面色苍白、出虚汗以至昏厥。这是由于食物缺乏造成血糖不足，而血糖正是人体和大脑活动的重要能源之一。由此可见，早餐匮乏，身体最易亏损，对上午的学习和工作影响也最严重。所以，不能忽视早餐。从营养角度考虑，早餐应该占全天总热量的25%～30%。因为人们早起后往往食欲不强，所以应该选择体积小、合口味而又富于热量的食物，如牛奶、鸡蛋等，一般不必大量食用新鲜蔬菜。

二、吃饱午餐

从营养学的角度考虑,午餐务必吃好、吃饱。因为午餐占全天总热量的40%,应该从质量到数量上都把它作为一日三餐中最重要的一餐来认真对待。在家吃饭时,午餐应当安排富有蛋白质和脂肪的膳食,新鲜蔬菜是必不可少的。带饭者吃好午餐有以下五点要记取:

①主食足量。在一般情况下,主食的量必须保证,以满足身体对营养的需要。重体力劳动者,主食量应该不少于250克,以250～300克为宜;中等强度体力劳动者或高中以上学生,主食量以200～250克为宜;轻体力或脑力劳动者,也不能少于175～200克。应该针对年龄、性别、工作(劳动)量的不同而摄取相应的主食。

②副食讲究营养。为了保证副食数量,应该单备一个饭盒,采用饭菜分装的办法为最好。常见的做法都是饭菜混装,既装不了多少菜,又使两者混杂在一起,影响口味。为了保证蛋白质的需要量,尽量做到每天饭盒里都能有些瘦肉、蛋类、鱼类,或者是香肠、酱肉等。如果条件不允许,至少也应该带些大豆制品。自带午饭普遍维生素摄入不足。因此,应该多带一些炒蔬菜,或带一些水果饭后吃。总之,要想办法提高午饭维生素的含量。

③营养要平衡。由于带饭的主副食品种比较单调,因此容易影响健康。所以,带饭时应该尽量做到饭菜多样化,一次带上它二三样,还要经常变换花样,才能保证既吃饱又吃好。

④不宜吃凉饭或热不透的饭。长期进食热不透的饭菜,对健康是十分不利的。因为饭菜热不透,既利于一些致病菌的繁殖,又容易酸败。长此下去,患病的几率必然增大。此时,可以喝一些

热汤或者开水。每餐如有一碗可口、喷香的热汤，会使自带的午饭吃得更香甜、更富有营养，又不需要更多的破费。

⑤讲究卫生。首先带的饭菜要新鲜，一定要现做现带，不能图省事。其次饭盒要经常洗刷干净，装饭盒的器具（兜袋之类）也要保持清洁。尤其吃午饭时，应该十分注意环境和餐桌卫生。午餐不能安排太晚，否则餐后即卧床休息，不利于脂肪和糖的消化作用。其实，午餐调理好了，对吃好晚餐也是十分有利的。

三、节制晚餐

晚餐一般以少而精为宜。俗话说得好："晚饭少一口，活到九十九。"如果说午餐普遍存在营养不足的话，那么，晚餐则适得其反，往往容易营养过剩。人到中年，如果这种本末倒置的状况不改变，就容易引出许多疾病。如冠心病、糖尿病、肠癌等。总之，晚餐与健康戚戚相关，在科学安排三餐饮食的基础上，尤其应该重视晚餐。除此之外，要控制总热量的摄入，并合理地安排进餐时间。晚餐不能晚于睡前3小时，更不能吃油腻、厚味食物。否则在夜间血液呈高脂血状态，血流减慢，容易使胆固醇沉积于血管壁，为动脉硬化提供了条件。

5. 提高身体的免疫力

许多疾病都是由身体的免疫力下降而引发的，而要想身体健康，就要通过各种方式健身练体，提高自身的免疫力。人体免疫力是抵御疾病、保持健康的天然屏障。强身健体需要了解其中的知识和科学道理。

一、什么是人体的免疫功能

人体免疫功能是人体的正常生理功能，简单地说，免疫功能就是人体内部存在的抵抗疾病的能力。一般从两个方面来观察人体的免疫功能，其一是体液中的特异性抗体、溶菌酶、补体等；其二是人体的反应细胞，如淋巴细胞、浆细胞及巨噬细胞等。骨髓、胸腺和淋巴结是人体主要的免疫器官，骨髓干细胞分化出来的淋巴细胞，一部分受胸腺的影响称为胸腺依赖性淋巴细胞，即T细胞，分布于淋巴结的副皮质区或脾脏；另一部分为骨髓依赖性淋巴细胞，即B细胞，分布于淋巴结髓质、脾脏和骨髓。T细胞主要负责细胞免疫，B细胞主要负责体液免疫。当骨髓发生免疫功能受损时，可发生细胞及体液免疫皆缺乏的免疫病，通常称为混合型的免疫缺陷病。胸腺中可提取多种免疫活性物质，主要有胸腺增生素和胸腺素等，它们对T细胞有直接的影响。如果胸腺发生退行性变或损伤，可能产生免疫缺陷病、恶性肿瘤、部分自身免疫性疾病及淀粉样变性等疾病。

二、免疫力的种类

人的免疫力有许多种，它们共同保护着人体，抵御病原体的侵害。免疫力，按其产生的时间来分，有先天性的与后天性的；按其预防疾病的种类来分，有特异性的与非特异性的，特异性免疫力又分为体液免疫力与细胞免疫力；免疫力按其来源可分为自然的免疫力与获得的免疫力；免疫力按其性质可分为自动免疫力与被动免疫力。

（1）先天性免疫力和后天性免疫力

先天性免疫力是指从母体落生时就有的免疫力。比如，人的完整的皮肤黏膜不仅可阻挡病菌的侵入，而且还能杀灭病菌；胃酸有灭菌作用，体内分泌的黏液中有溶菌酶可溶解细菌，血脑屏障可阻挡侵入体内的细菌进入脑组织等等。6个月以内的婴儿一般不得传染病，是因为他在子宫内通过胎盘获得了母亲血液内的免疫物质。所有这些都是先天性免疫力。

后天性免疫力是指生后产生的免疫力。比如有些传染病，人只要得一次就不会再得第二次，就是病后获得终生免疫力。注射疫苗，也可产生免疫力。这些都是后天性免疫力。

（2）特异性免疫力和非特异性免疫

人体内对任何细菌、病毒等致病病原体都有免疫作用的免疫力，叫非特异性免疫力。比如皮肤、黏膜及溶菌酶等。体内还有一类免疫力，是在细菌、病毒及它们的毒素等抗原物质刺激下，由免疫系统产生的免疫物质形成的。这些免疫物质可与细菌、病毒等结合在一起，使致病细菌和病毒失去致病力，从而达到保护身体的目的。不过，一种细菌只能刺激人体产生一种免疫物质，这种免疫物质也只能与相应的细菌相结合使其失去致病力，保护人免受这种细菌的感染，特异性特别强，故叫特异免疫力，它在预防传染病方面的作用特别显著。这种特异性免疫力，胎儿从母体内可以获得；母乳喂养的婴儿，可从乳汁中获得；直接注射丙种球蛋白，患传染病以后及注射防疫针，均可获得。

特异性免疫物质中包括体液免疫和细胞免疫两种。体液免疫物质是一种特殊的蛋白质，平时叫做抗体，因其存在于体液之中，故而得名。人血丙种球蛋白、胎盘丙种球蛋白均为抗体。在人的免疫系统内有一种"T"淋巴细胞，在细菌、病毒等抗原物质刺激下可释放多种具有生物活性的免疫物质，称为淋巴因子，它能杀灭病菌和病毒。因其由细胞中来的，故叫细胞免疫物质。

（3）自然免疫力和获得性免疫力

自然免疫力是人体内自然有的。获得性免疫力是指从体外获得的。

4. 自动免疫力和被动免疫力

自动免疫力是指人体通过抗原的刺激自己形成的免疫力，如打防疫针就是自动免疫。

被动免疫力就是直接获得现成的免疫物质，如抗体、抗毒素等。

三、人体免疫力的特点

历经时空变化、沧海桑田，人类无时无刻不与疾病、瘟疫和恶劣的环境进行着残酷的斗争。在这场关系生死存亡的较量当中，人类靠自身独特的免疫功能一次次战胜病魔，繁衍延续。

（1）人体免疫系统有双重的防御组织

人体的免疫系统具有排除侵入机体内的病原菌或病毒等的能力。人体的这个免疫系统，可分为两类：一类是天然免疫系统，另一类是获得性免疫系统。

天然免疫系统是机体的常设防卫部队，获得性免疫系统是紧急防卫部队。用这样的比喻就容易理解了。

那么，天然免疫系统通常是指可溶性物质如溶菌酶、补体、干扰素，还有作为细胞的巨噬细胞、自然杀伤细胞（NK）等。它们是在我们身体中担当常备防御任务的。

但是，具有非常强的毒性物质，或者受到容易侵入体内的病原菌或病毒感染时，仅靠这个系统就难以起到防御作用了。

这时出现的是前面所述的紧急防卫部队的获得性免疫系统。获得性免疫系统可以大致分为体液免疫和细胞免疫两个系统。以细菌和病毒为例，机体免疫系统的功能通常因侵入体内的是细菌还是病毒而有所不同。

侵入细菌时，抗体与它对抗，称为体液免疫。侵入病毒时，以称为杀伤T细胞的细胞来与其对抗，此称为细胞免疫。

当然，也存在有中间性的作用者，但基本上与细菌对抗的是抗体，而病毒是由细胞免疫来对抗的。

再有，获得性免疫的另一个很大的特点是，将麻疹、流行性腮腺炎等一次得病、再次就不得病的病原菌制成低毒化的疫苗，机体接种后能产生长期免疫记忆。

（2）人体免疫力有记忆性

记忆就是过去经历过的事，记住不忘。

例如，感染某种病原菌时，首先，生成与其相对应的抗体，以后过一段时间该病原菌再侵入时，机体则快而多地生成抗体。免疫系统将当初的抗原记得清清楚楚。当同样的东西侵入之后，就会看到有强烈的反应。这可称之为免疫的记忆。

我们在上小学的时候，都注射过预防流感的疫苗。这种预防注射经过一段时间之后，还要进行第二次。为什么一次不行呢？这是依据免疫学的记忆，其目的是要生成较多的抗体。第二次比第一次能生成更多的抗体，能够形成更强的免疫能力。这个现象是与被称为记忆细胞的特异性能有关系的。

下面来说明人体免疫的特异性是怎么回事。简单地讲，特异性就是某抗原只与其相应的抗体结合的性质，也可以说是一对一的结合，其结合性强到人与自己以外的任何物质都不能结合的程度，也就是结合对象的氨基酸的结构只要有一点儿改变，要结合的抗体就不同了。

人的身体是由各种各样的物质组成的，其中有的与病毒和病原菌结构非常相似。所以，要对其有很好的识别，才不能错误地攻击构成自身的物质，为此要做成对应每个抗原的抗体。抗体是由蛋白质构成的，可以说这是具有准确识别对手眼力的蛋白质。

再谈谈结合力的问题。在生物体中结合力最强的是激素与其受体，其次是抗体和抗原，最弱的就是酶及其底物。酶是特异性非常高的蛋白质，而所谓抗体与抗原的结合力比酶还高是指抗体抗原之间关系表现的强度。

人体内的组织细胞时刻不停地新陈代谢，衰老的细胞由新生的取而代之。免疫系统能及时地把衰老死亡的细胞识别出来并清除到体外，以保持人体的稳定性。

6. 学会让自己彻底放松一下

放松有助于减轻快节奏生活造成的压力，带给你安详平和的心境。如果你发现自己总是被家人、朋友围绕着，耳边充斥着各种让人烦躁的噪音，整日忍受着繁忙工作、家庭琐事的无穷折磨，每天的神经都绷得紧紧的，得不到一丝喘息的机会，那你就真该好好计划一下，找一段时间什么也不做，让自己彻底放松一下。

曾有一位事业有成的企业家，当他的事业达到巅峰时，他突然感觉人生无趣，特地跑到一家远近闻名的修道院请大师指点迷津。

大师告诉这位对人生感到毫无兴趣和信心的企业家：

"鱼无法在陆地上生存，你也无法在世界的束缚中生活；正如鱼儿必须回到大海，你也必须回归安息。"

"难道我必须放弃自己所有的一切，进入山里修炼，才能实现自己心灵的平静？"企业家无奈地回答。

"不！你可以继续你的事业，但同时也要回到你的心灵深处。当回到内心世界时，你会在那里找到企求已久的平安。除了追求生活上的目标外，生命的意义更值得追寻。"大师说。

在喧闹的人群里，我们往往听不见自己的脚步声。远离喧闹的人群，能让我们重新认识自我的存在。

你可以从每天抽出一小时开始，一个人静静地待着，什么也不做。当然前提是，你要找一个清静的地方，也许刚开始这么做的时候，你会觉得心慌意乱，因为还有那么多事情等着你去干。你会想如果是工作的话，早就把明天的计划拟定好了。这样干坐着，分明就是在浪费时间。可是，如果你把这些念头从大脑中赶走，坚持下去，渐渐你就会发现整个人都轻松多了，这一个小时的清闲让你感觉很舒服，干起活来也不再像以前那样手忙脚乱，你可以很从容地去处理各种事务，不再有逼迫感。你可以逐渐延长空闲的时间，三小时、半天甚至一天。

抛开一切事情，什么也不干，放松一下，你的生活将得到很大改善，把你从混乱无章的感觉中解救出来，让头脑得到彻底净化。

放松有助于减轻快节奏生活造成的压力，带给你安详平和的心境。

7. 培养运动的习惯

人有两种类型的能量。一个是身体上的能量，另一个是心理上和精神上的能量。身体忍受的训练强度愈大，心理和精神上的耐力也就愈强。

田径教练沃尔夫是美国卓越的教练之一，在他的指导下，有几位中学生已经打破了全国预备学校的田径纪录。

他是怎样训练这些新星的呢？沃尔夫有一个双重规定，他教学生要同时增强

好气质是这样养成的

他们的心理和身体素质。

"如果你相信你能做到什么，在大多数情况下，你就能做到。"沃尔夫说。

你有两种类型的能量。一个是身体上的能量，另一个是心理上和精神上的能量。后者比前者要重要得多，因为在必要的时候，你能从你的下意识心理中吸取巨大的能量。

例如，人们在紧张情绪的驱使下，能使自己的体力和耐力达到在正常情况下决不能达到的程度。曾经发生过一次汽车事故，丈夫被扣在翻了的汽车下面动弹不得。他的娇小脆弱的妻子在紧急时刻，竭力抬起了汽车，将丈夫救了出来。一个神经错乱的人，当他发狂时，也能够具有他在正常情况下所决不可能有的力量。班尼斯特在给《运动画报》所写的一系列文章中谈到，他用心理训练和身体训练相结合的方法进行锻炼，因而于1954年5月6日第一次打破了4分钟跑1英里的世界纪录，实现了体育界长期以来的梦想。他用好几个月的时间进行心理控制训练，使它适应这个信念：

第八章
保持旺盛的精力

"这个成绩是可以达到的。"有些人认为4分钟跑1英里是这个项目的极限，要突破它是不可能的。班尼斯特认为它是一个大门，一旦通过了它，就会为自己及其他1英里长跑运动员打通取得新成就的道路。

当然，他是对的。在4年多的时间里，继他首先打破四分钟1英里的纪录之后，他和其他的长跑运动员又先后四十多次打破了这个纪录。仅1958年8月6日在爱尔兰都伯灵的一次比赛中，就有五位长跑运动员以不到4分钟的时间跑完了1英里！

教给班尼斯特创造这个奇迹的人是伊利诺斯大学身体适应实验室主任库里顿博士。库里顿博士发展了关于身体能量水平的革命的观念。他说，这种观念可以应用于运动员，也可以应用于非运动员。它能使长跑运动员跑得更快，使普通人活得更久。

"没有'为什么'的理由，"库里顿博士说，"任何人在50岁时都不能像在20岁时那样适应环境——除非他懂得如何训练他的身体。"训练全身。把你自己推进到耐力的极限，并随着每一次的练习而扩大极限。

库里顿博士给欧洲运动明星检查身体时，同班尼斯特成了熟人。他注意到班尼斯特身体的某些部位惊人地发达。例如，就身体的大小说来，他的心脏比常人大25%。但是，班尼斯特身体的另一些部分的发育就不及一般人了。班尼斯特接受了库里顿博士的忠告：要锻炼身体的各个部分。他学到了通过爬山去训练他的心理，培养他克服困难的意志。

与此同等重要的事是他学会了把一个大目标分解为若干小目标。班尼斯特推论：一个人跑一个4分之1英里比他连续跑4个4分之1英里要快些，所以他训练自己要分开想到1英里中的4个4分之1。他在训练中先是冲刺第一个4分之1英里，然后就绕着跑道慢跑，作为休息。接着他再冲刺另一个4分之1英里。他的目标是以58秒钟或更少的时间跑完4分之1英里。58秒×4＝232秒，或3分52秒。他总是跑到极限点。而每次，他都在加大训练极限。终于他用3分

59秒6的成绩打破了1英里长跑的世界纪录。

库里顿博士教导班尼斯特说:"身体忍受的训练强度愈大,心理和精神上的耐力也就愈强。"

但是他又强调说:"休息同锻炼一样重要。身体只有通过刻苦锻炼才能健壮,体力、活力、能量就是这样发展的。身体和心理两者的休息过程也是恢复体力和精力的过程。如果你不让身体有一个休息的机会,它就可能受到严重的损害甚至死亡。"